老子衍

全译

李 申 译注

巴蜀书社

图书在版编目（CIP）数据

老子衍全译／李申译注. — 成都：巴蜀书社，
2024. 12.
ISBN 978-7-5531-2127-7

Ⅰ. ①老… Ⅱ. ①李… Ⅲ. ①《老子》—研究
Ⅳ. ①B223.15

中国国家版本馆CIP数据核字（2023）第241763号

LAOZIYAN QUANYI
老子衍全译

李　申　译注

责任编辑	冯征霞
责任印制	田东洋　谷雨婷
封面设计	王　琪
出版发行	巴蜀书社
	四川省成都市锦江区三色路238号新华之星A座36楼
	邮编：610023　总编室电话：（028）86361843
	发行科电话：（028）86361852
网　　址	www.bsbook.com
印　　刷	成都蜀通印务有限责任公司
版　　次	2024年12月第1版
印　　次	2024年12月第1次印刷
成品尺寸	140mm×203mm
印　　张	8.5
字　　数	170千
书　　号	ISBN 978-7-5531-2127-7
定　　价	39.00元

本书如有印装质量问题，请联系工厂调换

第一版编委会

主 编

任继愈

编 委

（按姓氏笔画排序）

方立天	孔　繁	任继愈	牟钟鉴
杜继文	杨宗义	何兆武	余敦康
庞　朴	冒怀辛	段文桂	段志洪
黄　葵	萧萐父	阎　韬	楼宇烈

再版说明

中国古代哲学是中华优秀传统文化的重要组成部分，集中反映了中华民族认识世界、改造世界的过程，体现出中华民族的超群智慧和深厚文化底蕴，在新时代仍具有重要的价值和意义，充满了生机与活力。为积极弘扬中华优秀传统文化，推动中华民族现代文明建设，我们对20世纪90年代我社出版的经典哲学丛书"中国古代哲学名著全译丛书"进行修订再版，以飨读者，这也是践行习近平总书记提出的文化自信的重大举措。

为方便时下读者阅读，本次再版，我们做了如下调整。

（1）对原二十四种哲学名著做了精选，保留其中二十种。

（2）对各译本内容的结构进行了优化调整，将原文、注释和译文分段对应，将原注释及译文部分的脚注放到原文之下，以便更好地发挥注释、译文、脚注等对原文阅读的辅助作用。

（3）为体现时代发展、哲学研究发展、语言发展和新时代文化发展的要求，对原版内容中的一些专业提法和语言描述等做了与时俱进的优化修改。

本丛书译注者中，任继愈等几位先生虽然已经仙逝，但他们与文字永存。

本次再版，得到李申等几位先生的大力支持，我们在此表示衷心感谢。再版工作的不足之处，恳请读者提出宝贵意见，以便本丛书不断臻于完善。

巴蜀书社
2023 年 6 月

原书总序

在国务院古籍出版规划统一方针指导下，我们与巴蜀书社合作，编辑了这套"中国古代哲学名著全译丛书"。

世界各民族不论大小，都对人类文明有所贡献，中华民族有五千年的历史，它对人类文明已经做出过伟大的贡献。伟大的贡献，有赖于民族思想文化的成熟。中国哲学，是中华民族思想文化成熟的标志。

五千年来，中华民族经历了无数的忧患和灾难。但是，忧患和灾难并未使它消沉，反而使它磨炼得更加坚强，在与困难和挫折的斗争中，它发展了，前进了。在前进的过程中，中华民族认识着世界，改造着世界，同时也改变着自身。

中华民族认识世界、改造世界的过程，在中国哲学中得到了集中的反映。其深闳的内容、明睿的智慧，在古代社会，和其他民族相比，都达到了极高的水平。中国哲学，在古代，无愧于自己的时代；在今天，是我们宝贵的文化遗产。随着人类社会的不断前进，随着对历史的深入剖析，中国哲学的内容和它的价值，将日益被更广大的人群所认识、所接受。

中华民族这个伟大的民族，有责任对世界文明做出更多的贡献。我们今天面临的任务，是要创造新的物质文明和新的精神文明，要完成这个历史任务，从中国古代哲学中寻求借鉴，提高广大人民的文化素养，是条必要的途径。

借鉴中国古代哲学，广大读者首先遇到的麻烦，是语言文字的障碍。本丛书的目的，就是为广大读者扫除这个障碍，使得更多的人能从中国古代的哲学著作中得到启迪，锤炼他们的智慧。

汲取前人的文化财富（包括哲学、文学、科学、艺术等），都应该直接取自原作，这是不言而喻的道理。事实上，能做到这一点的，总是少数人。所以从古到今，都有一些人在从事翻译工作。有不同文字的互译，也有古文今译。缺少这个工作，人类创造的精神产品，就不可能成为广大人民的财富。

古文今译并不是现在才有的。司马迁撰写《史记》，曾把商周的文献典籍译成当时流行的语言，树立了成功的范例，使佶屈聱牙的古代文献，被后世更多的读者所理解。古希腊哲学为后世欧洲哲学的源头，今天的欧洲人（包括今天的雅典人）了解古希腊哲学，很少有人直接阅读古希腊文原著，人们多是通过各自民族的现代译文去了解古希腊哲学，这是学术发展的趋势和方向。

任何译作（古文今译、异国语文互译）都难做到毫不走样。但我们要求本丛书的译文除了忠实于原文外，还要尽力保持原著的神韵风格。这是我们争取的目标，并希望以此和广大读者共勉。

任继愈

序

《老子衍》的作者王夫之，湖南衡阳人，字而农，号姜斋，又号船山，学术界习惯称他为"船山先生"。他早年曾参加科举考试，中举人。当他赴京应试的时候，农民起义的烽火燃遍了中原大地，他因而未能成行。

明朝灭亡，随后是清军入关，民族斗争代替了原来的阶级斗争。王夫之和他的同学也组织起一支武装，抗击清军。失败后，王夫之投奔了南明桂王政权，担任行人司行人的小官，一面积极为抗清事业奔走，一面积极参与朝廷上的斗争，为此他几乎送掉性命，多亏原农民军将领高一功搭救，才免遭虎口。

王夫之报国无门，只好把精力转向学术。他三十七岁左右开始理论著述，最早写成的两部著作，一是《周易外传》，再就是这本《老子衍》。

一

据王夫之自述，他在领导抗清武装斗争和参与南明桂王政权的前后，曾花大力气研究了《周易》。在他看来，若将《周易》的道理推广开去，可以指导人们待人处事，在当时，也就是要指导他们的抗清斗争。（参阅王夫之《周易内传·发例》。）但是，在那民族存亡的关头，戎马倥偬的时刻，他又有何闲情去研究《老子》？后来在退居山林后，才几乎和《周易外传》同时，写下了《老子衍》这部著作。

王夫之的时代，是中国古代史上社会变动特别激烈，又特别迅速的时代。在阶级斗争中，明王朝灭亡了；在民族斗争中，汉族政权失败满族政权建立。这一切是怎么发生的？那些关心民族命运，以天下为己任的汉族知识分子，都以极其痛苦的心情对此进行了深刻反省。反省的结果，不少人都把变故的原因归罪于空谈心性的宋明哲学。

王夫之出身于正统的封建知识分子家庭，受过严格的儒家学说的教育，有强烈的民族自尊心和社会责任感，也有着坚定，甚至顽固的地主阶级立场，对于明朝后期到处流行的，空谈心性的哲学，更是深恶痛绝。他说，近世那些披着儒家外衣的小人，实际上不过是佛教的信徒。他们只讲什么"良知"，全然不顾任何社会规范。他们不讲廉耻，对社会不负责任，还说什么这是忘掉了自我，达到了大公。所以，虽然皇上没有什么大错误，朝廷上也没有大奸臣，国家却在短短几个月内土崩瓦解，送给了别人。究其原因，就是这种披着儒家外衣的小人败坏了社会风气。他们的罪过，甚于洪水猛兽。他们生前没有被杀头，现在，一切有良心的人，都应该举起理论的"刀斧"，对他们的学说进行批判。（参阅王夫之《读通鉴论·汉平帝》。）

在王夫之看来，一个王朝的倾覆，或是由于皇帝的腐化，如东汉桓帝、灵帝，晋朝的惠帝，宋朝的光宗之类；或是由于大奸臣把持朝政，如王莽、曹操一类人。但明末并非如此。特别是崇祯皇帝，还是个励精图治的人物，可明朝仍旧灭亡了。这样，亡国的责任，就只能归之于那些披着儒家外衣的小人，他们提倡荒谬的学说，败坏了社会风气，招致了国家灭亡。王夫之所说的披着儒家外衣的小人，指的就是王阳明及其学派。王夫之说：王阳明的学说，传给了王畿，又传给了李贽，他们都不去认真研究事物的真实情况，不顾及道德伦理的约束，放弃自己的社会责任。陆九渊出来了，不久宋朝灭亡；王阳明出来了，不久明朝灭亡。他们对国家的危害，是一样的。（参看王夫之《张子正蒙注·干称篇下》。）

谁应该对亡国负责，是长期争论不休的问题。谁应对宋、明的亡国负责，也并非如王夫之所说。但王夫之对王阳明的批判，其用意非常明白，他要借此唤起知识分子的社会责任感，鼓励他们同腐败现象作斗争，以维护封建的伦理道德规范，维护封建的社会制度。

但是，批判王阳明，与老子有什么关系呢？

在《读通鉴论·梁武帝》一节中，王夫之指出，古来最有害的学说有三家：一是老庄，一是佛教，一是申韩。申韩即以申不害、韩非为代表的法家学说。三者之中，又以老庄为祸首。因为佛教在中国传播，起初是依附老庄。而法家学说的发生，在王夫之看来，乃是由于对老庄的流弊矫枉过正。因此，要批判王阳明及其学派，首先要批判佛教；要批判佛教，又必须批判老庄，这叫作"端本清源"。《老子衍》，就是王夫之"端本清源"的最初成果。

埋头书斋不是王夫之的愿望，但残酷的现实又逼得他不得不和许多人一样退居山林。在这种情况下，如何安排自己的一生，进而如何看待民族的前途，再进一步，如何看待那几千年中他们奉为神圣的统治理论，都是王夫之这个当时的热血青年所面临的思想问题。是安于隐居生活，从此不问世事呢，还是另有安排？《老子》书中，有许多不满现实、教人逃避现实的话。封建的知识分子，在他们失意的时候，往往用《老子》这些话来解释他们的行为，为他们意志消沉、逃避现实开脱。王夫之的同时代人中，有不少人走了这条路。这样，如何安排自己的一生，如何确定（或者说，是进一步坚定）自己的信仰，都集中表现于如何对待《老子》这部书。因此，写作《老子衍》，是现实从另一方面提出的要求。

二

　　王夫之说，衍，意思是水流入大海。（参看王夫之《说文广义》。）《老子衍》，就是让《老子》这股思想的水流继续行进，找到归宿。用哲学的语言说，是王夫之要顺着老子的思维逻辑，把老子的思想展开，使它发展，贯彻到底，看能得出什么结果，从而暴露老子思想的谬误。也就是王夫之在《老子衍自序》中所主张的：进入老子的营垒，夺取他的所有，暴露他的根据，从而发现他的缺点。因此，《老子衍》的行文，表面上往往只是在阐发、说明老子的思想，实际上，几乎时时处处都渗透了王夫之对老子的批评，寄寓着王夫之对老子哲学的褒贬。王夫之的目的，是揭发老子哲学的缺点和谬误，因此，在行文中又不可避免地穿插着王夫之的即兴议论。这种写作方式，造成了理解《老子衍》的特殊困难。我们不仅要分清，哪些话是推衍老子的，哪些话是王夫之阐述自己思想的；还要分清，在那推衍老子思想的文字中，哪些是王夫之赞成的，哪些是王夫之反对的，哪些仅是一般叙述。这一切，都不能求助于通常的文字注疏，而只能求助于对王夫之思想的了解。为此，我阅读了现存的王夫之的全部著作，以找出理解《老子衍》的钥匙。几年来，数易其稿，才成了现在这个样子。不敢说其中的理解一定正确，只能说我为这本小书尽到了努力。虽然如此，错误、疏漏一定不少，敬请读者批评。

《老子》一书，内容极为丰富。它不仅是一部深刻的哲学著作，而且涉及社会生活的各个方面。因此，《老子衍》也就不得不随之涉足于所有这些领域。王夫之哲学的主要内容，在《老子衍》中都可找到端绪。

《老子》五千言，《老子衍》也不过一万多字，这样短的文字与它们所包含的内容极不相称。王夫之的论说，往往极其简短，有些重要思想只是一笔带过。为了帮助读者理解王夫之的思想，我有时也从王夫之其他著作中搜集了有关材料，用来补充王夫之的那些简短论述。

王夫之对《老子》一书进行了长期研究，对老子思想有他独到的理解。他对老子的批评，往往像两个熟人之间的口角，不是当事者，很难理解那些突如其来的话头。要理解这些话头，不仅要理解王夫之，而且要理解老子，特别要弄清王夫之心目中的老子。这也不能靠通常的文字注疏，而必须加以解说。所以本书在今译之后，另加了"解"。

古代对《老子》的注疏，也可说是汗牛充栋。这些注疏，有些是研究，更多的是抱着崇拜的态度进行阐释，也有人对《老子》进行过批评。但主要是把《老子》作为一个批判对象，系统地、完整地，甚至逐字逐句地进行批评、剖析的，《老子衍》即或不是唯一的，也是非常罕见的著作。用崇拜的态度去注疏，我们看到了老子的伟大；从反对的立场去批评，我们看到了老子的缺陷。王夫之的批评也许过于尖刻了些，他甚至常常把老子看作投机营利、阴谋诡诈的小人。不过，也许这两方面合起来，才是一个完整的老子。所以研究《老子衍》，不仅可帮助我们懂得王夫之，也可帮助我们进一步懂得老子。

古来的理论斗争，一般有三种方法：一是把自己的主张与论敌相对立；二是依据事实和理论对论敌进行驳斥；三是揭露论敌自身的矛盾，依据论敌自身的逻辑去发展论敌的观点，使其走向荒谬。第三种是苏格拉底等古希腊哲学家娴熟运用的方法。这三种方法很少单用，但一般人多以前两种为主。因为自己的主张总是比较熟悉，现实生活中又总是会找到有利于自己的事实和理论。第三种方法就比较困难，它不仅要求前两种方法所必具的知识，还要求自己要有比论敌更高的修养。依据不同的条件，这三种方法各有自己的作用。不过在我看来，要驳倒论敌，最有效的还是第三种方法，因为它从论敌自身完成了对论敌的否定。王夫之的《老子衍》，所用的主要是第三种方法。老子作为春秋战国时代的伟大哲学家，在两千多年以后，可说是遇上了真正的对手。因此，《老子衍》所给予我们的，与其说是一些哲学结论，是王夫之的世界观和人生观，毋宁说是启迪了我们的智慧，使我们在那些貌似神圣的理论面前，能够动员起自己的每一根神经，站在一个更高的角度，得出更进一步的结论。

三

　　王夫之反对老子,首先是因为老子提倡软弱退让、消极无为,对社会、对人生采取冷漠态度。王夫之说,所谓坏人,不仅是性情残忍,危害别人的那些;有些人,做坏事不努力,做好事也不努力,对一切都随随便便,漠然置之,像死人一样,无论什么事情也不能使他动心,他还悠然自得,自以为高尚超脱,这种人的确也是坏人。这种态度,由老子首先提倡,魏晋时代,王衍、谢鲲等人又推波助澜,他们不讲忠孝,不分善恶,认为一切都会自生自灭。这种风气,使人神经麻痹,感觉迟钝,刀砍不觉痛,火烧不知灼。国君可以被杀,国家可以灭亡,老百姓可以水深火热,流离失所,他呢,却无动于衷。这种风气的危害,等于洪水猛兽。追其根源,就是老子、庄子提倡的什么"守雌""缘督"①。君子们痛恨老庄,主要是痛恨这一点。(参阅王夫之《读通鉴论·齐郁林王》。)王夫之认为,这种态度,使人们把讲究廉耻看作是束缚,对国家的命运毫不关心,国家可以送给"盗贼",可以送给"夷狄",他都无所

---

① 守雌,见《老子》第二十八章"知其雄,守其雌",即像雌性一样柔顺。缘督,见《庄子·养生主》:"缘督以为经。"督即督脉,位于背部正中。王夫之说,"缘督"即是"循中",即为恶不努力,为善也不努力,不前不后,随从大流,事事走在正当中的处世态度。

谓。(参阅王夫之《读通鉴论·梁武帝》。)在王夫之看来,这也就是明朝末年王阳明及其学派的处世态度。

明王朝是被李自成的农民军推翻的,在王夫之看来,这是亡于"盗贼"。此后是清军入关,建立满族政权,在王夫之看来,这是亡于"夷狄"。这是他至死也不能忘记的深仇大恨。

王夫之的一生,讲忠孝,分善恶,有廉耻,不苟且。在民族关系上,他保持了民族气节;在阶级关系上,他却也牢牢站在了地主阶级立场上。

清朝政府对于王夫之,起初是迫害,使得王夫之东躲西藏在少数民族居住的深山野岭,过着流亡生活,后来是收买。清朝的高级官员带着礼物去见王夫之,王夫之则躲了起来,拒绝会见。清政府命令剃发,企图改变汉族男性保留全部头发的习惯。谁不剃发,就要杀头,所谓"留发不留头",为此不知杀了多少人,甚至全城屠灭。但王夫之至死也没有剃去自己的头发。王夫之生前,自己为自己撰写了墓碑"明遗臣王夫之……",这碑至今还立在他的墓前。就是说,他至死都不承认自己是清朝的臣民。直到现在,当地人民仍然传说,王夫之出门打伞,以表示不戴清朝的天;穿着木屐,以表示不踩清朝的地。

农民起义军对王夫之非常器重。张献忠军某部到衡阳时,想邀他参加农民军。他避而不见,农民军就抓走了他的父亲,想逼迫王夫之就范。王夫之自伤了面容和肢体去见农民军,以表示自己坚决不与"犯上作乱"的农民军合作。后来经王夫之一同学说情，农民军放回了王夫之的父亲。但由于这个同学在义军中服务，王夫之并不表示感谢。后来，在南明政权的宫廷斗争中，高一功虽救过王夫之的命，但由于高原为李自成部将，尽管这时已合作抗清，王夫之也不表示谢意。

王夫之退居山林，但没有苟且偷生。他时刻关心着时局的变化。吴三桂起兵反清，他欢呼过，对时局寄托了某些希望。五年之中，他四处奔走，以寻求可乘之机。后来，吴三桂面目暴露，王夫之就失去了最后的希望。他自始就对吴三桂有所怀疑，没有贸然与吴三桂合作。吴三桂后来称帝，王夫之就拒绝了吴三桂的邀请，又一次逃入深山。

从三十七岁起，到王夫之去世，三十多年中，王夫之写下的著作，单是现存的，就有七百余万字。这就是说，王夫之每年都要写下二十余万字的著作。深山野岭，陋室敝榻，敌人在追捕，衣食少着落，缺少纸张，缺少书籍，身体多病，又看不到希望，但他孜孜不倦，未尝一日懈怠。他要效法汉末的管宁，在战乱的年代，孤处穷乡僻壤，仍要保存儒家的道统。他研究了儒家的重要典籍，或者注释，或者解说。他盼望着有朝一日新的汉族王朝建立，他的这些著述将作为新王朝的指导思想。

王夫之认为，一个人不仅应该，而且必须担负起对国家、对民族的责任，就是为此踩到了老虎尾巴上，那也是必须坚守的岗位。（参看王夫之《周易外传·履》。）他认为，君子的处事，只能问该做不该做，不应问吉凶祸福。如果该做，就是有

杀身之祸,也应毫不犹豫。他在诗中写道:

汀渚谁家尽自疑,悬愁渔火隔江知。
飘零亦是前生果,不羡鹡鹩老一枝。

(《题芦雁绝句》)

河山已经属于人家,自己满腹哀愁,漂泊的生活也甘愿忍受,不愿苟且地度过自己的一生。晚年,他对着瘦弱、病态的身影,说自己像杜鹃鸟一样,一直叫到春后。(《姜斋影》。)正是对祖国、对民族的满腔热忱,才使他能够在极其艰苦的条件下写下如此丰富的哲学著作,也才使他的哲学具有为国家、为民族的崇高精神。这种精神,是王夫之哲学的灵魂,不懂得他那凄苦沉重的心情,就不能懂得他的哲学,或者只能把他的哲学看作一个僵硬的、由许多概念、命题堆砌起来的东西。

要对国家、民族负责,就不能无为。而要有为,就不能守雌。而要像雄性一样强健,就不能瞻前顾后,不前不后,而要勇往直前,不计利害。在这些问题上,王夫之与老子绝不相容。而且,在王夫之看来,老子主张守雌、无为,不过是为了投机取巧、图谋私利。老子这样主张,有他自己的处境,这些主张,也有自己的特殊内容。但在王夫之的时代,如果这样主张,至少是为了保全身家性命。况且历史上确有不少人借老子的主张投机谋利,而老子确也说过,不居功反而有功,委曲反能保全,处在众人之后,结果却往往在众人之先。所以在

《老子衍》中，王夫之几乎不放过任何一个机会，严厉地、苛刻地批判老子的上述思想。

四

王夫之反对老子，另一重要原因，是老子的社会主张和儒家不同。

儒家的基本思想之一，是主张以礼治国。他们强调等级名分、上下尊卑，认为人们应根据自己在社会等级中的地位来履行自己的社会义务。老子反对以礼治国，认为礼的产生，是由于忠信的不足；礼的实行，是祸乱的根源；假如自己表现出礼，却得不到对方的回答，就免不了伸拳撸臂，进行报复。在王夫之看来，老子并不懂礼。王夫之认为，要使社会安定，各方面都非常和谐，礼，作为人们行为的外部规范，是必不可少的，不然，社会秩序就无法维持。为此，王夫之对历史上有条件制礼作乐而没有实行的皇帝，比如汉文帝，感到非常的遗憾。王夫之认为，其重要原因之一，就是汉文帝崇拜老子那一套。

礼的内容，是所谓仁义忠孝等等。反对礼，同时也就反对儒家提倡的仁义。老子说，仁义的出现，是由于大"道"的废弃；家庭陷于纠纷，才有所谓孝慈；国家陷于昏乱，才有所谓忠臣。所以老子主张抛弃仁义等等，认为这样人们才能回到纯朴的本性，才有所谓真正的孝慈。

在老子看来，仁义礼等等问题的产生，是由于有了智慧。所以他主张抛弃聪明才智，主张使老百姓都愚昧无知，小国寡民，没有文化，不要技术，互不交往，安居乐业；这样就不会有战争和流血，人民才能保持纯朴而善良的本性。

王夫之是儒家信徒，流亡的生活使他实际接触了文化落后的少数民族地区的社会现实。在他看来，所谓上古，不过就是那个样子。那样的社会，是不足取的。有了礼仪，有了文化，发展了技术，是社会进步的表现，复古是没有出路的。在对明朝灭亡进行反省的时候，不少人鉴于明朝末年的土地兼并，吏治腐败，兵力软弱，主张复古，恢复古代的井田制；废除科举，由地方推举官吏；废除常备兵，寓兵于农。王夫之认为，当时的时代，已不是春秋的时代，这三条，断乎不能实行。老子要更进一步，要求社会回到上古，要求人民互不来往，就更加行不通。

老子的所有这些主张，归结为哲学语言，就是"见素抱朴"（《老子》第十九章）。素是没有花纹、不加染色的帛。朴是未经加工的木材。"见素抱朴"，就是保持事物的本性。而礼仪制度，就是一种文饰，是圣人们对人本性的加工，它使人变得虚伪，失去了纯朴的本性。王夫之说：帛要经过染色、文饰，木材要经过加工，才能对人有用。我们只能在朴素和赋予它们的形式之间寻找一种和谐，而不能反对一切形式。不要形式，只要朴素，就会毫无用处。老子的说教，就是这种无用的说教。

社会形式中，最重要的是将人们划分为上下尊卑、利益不同的社会集团。《老子》书中，时时爆发出对社会不平等的愤怒。老子说，老百姓饥饿，是由于上面收税太多，有些人，衣着华丽，食物精美，宫殿整洁，财富有余，这不是道！老子认为，天道就像拉弓瞄准，高了就压低些，低了就抬高些，它损减有余的，补充不足的；但人道不是这样，它损减不足的，补充有余的。老子认为，这是不合理的。老子的议论，使王夫之联想到历史上曾经有过的，当时农民军又大力提倡的"均田"政策，想到了封建社会的根本制度。

王夫之认为，人世间最重要的、必须严格遵守的界限有两条：一是"华夏"和"夷狄"，一是君子和小人。前者是民族对立，后者实际上是阶级对立。王夫之反对过重的盘剥，但认为君子们生活丰富，小人们生活简单，是必要的。王夫之反对土地兼并，但不主张均田，为损此益彼，要造成新的问题。他认为根本的问题是国家要有正确的政策，轻徭薄赋，使老百姓不致因缴不起租税而抛弃土地。王夫之说，这种办法，就像从天上洒下阳光雨露，各人都可根据自己的接受能力去尽量吸收；所谓"均"只应是给人造下均等的机会，而不应夺此予彼。

历史上有不少人认为，张角起义与老子思想有关。王夫之也认为，老子对社会不平等的攻击，给张角等人提供了口实，这是王夫之所不能容忍的。

五

把上述人生态度、社会主张集中到一点，概括为一个哲学问题，那就是：什么是道？

什么是道？可从两方面来回答。一是它的哲学界定：道是物质还是精神？是规律还是过程？这是我们今天争论的问题。在王夫之和老子的争论中，不存在这个问题。他们都清楚道的哲学界定是什么。他们争论的是：怎样做才是道？或者说，怎样做才符合道。

老子主张无为，认为这样才是道。王夫之主张有为，认为无为不是道。王夫之说，一个治理国家的人，如果真正无为，那就是虚悬于天下之上，要他干什么呢？而且，在王夫之看来，老子的无为，也难以贯彻到底。

《老子》第十章说："爱民治国，能无为乎？"王夫之说，你又"爱"又"治"，这早就不是无为了。第三章说，要永远使人民没有知识，没有欲望，这样就可以无为而治。第四十九章，老子又说，圣人要使天下人都成为无知的婴儿。王夫之说，使，谁去使？使的本身就是有为，怎么能无为呢？

老子主张无为，是因为道（或天道）是无为的。老子说：道生养了万物，使万物发育成长，但并不主宰他们，不把他们据为己有。天，是效法道的。天对于万物，是把它们当作祭祀时扎成的草狗，用完了就扔掉，听任它们自生自灭。

王夫之没有正面论证道是有为的还是无为的。因为这种提法本身就不正确，就是把道当成万物以外的某种东西。问题归结于道和万物的关系如何：道是不是存在于天地之先而生下了天地万物？道是不是脱离万物而独立自存的东西？

王夫之从根本上就反对有一个什么混沌未分，天地剖判，当然也反对什么道在天地之先。王夫之认为，天地没有开始，也没有终结；今天，是天地的开始，也是天地的终结。（参阅王夫之《周易外传·未济》。）依老子的意见，"无名"，是天地万物的开始。王夫之说：即或如此，名称，不过只是现存事物的名称。从此以后，事物还要不断产生。以后究竟会产生些什么？还将会有什么新的名称？谁也不知道。因此，对于今后来说，今天，也是个"无名"，也是个天地的开始。

老子说，道生一，一生二，二生三，三产生了万物。在道和万物之间，隔着好几个等级。道是"常"，即从古至今永恒不变的东西。万物是"不常"，有生有死。又说，礼与仁义的产生，是大道废弃的结果。

王夫之反驳说，做成了瓦盆瓦罐，小丘上的土就没有了；做成了酒杯、菜盘，山上的树就死了。道，是不是那山上的树、小丘上的土呢？有了礼与仁义，大道就废弃了，那么，有了天地万物，大道是不是就死亡了呢？

老子说拿着古代的道，来驾驭今天的有；说掌握住道，天下就会归往；说天地侯王得到了"一"（即道），才可以保持它们的清宁贵高等等。这都表明,在老子心目中,道是和万物不同,并且存在于万物之外的某物,必须去得到它、掌握它。王夫之反驳说,这是不是把万物当作筐子和口袋,然后去求得那个道呢?

道和万物既如此不同,在这双方对立之中,必得有所选择。执着于万物,就必然要抛弃道,这是老子所不取的。老子选择了道,并且听任万物自生自灭。王夫之把老子这种思想,归结为老子所说的"抱一不离",即灵魂永不离开身体,精神内守,不涉世事,彻底无为。

王夫之说,有关道的学说,有三家,即儒、佛、道。佛家的道,说的是"涵合","抟聚而合之一"。他们认为,生成就是毁灭,同一即是差别,一切都消融,会归于一,而道就包含着这一切。道家所讲的道,说的是"分析各一"。因为老子说,万物都"负阴而抱阳"。在王夫之看来,一负一抱,一前一后,这是老子任意地把阴阳分成互不相干的两个东西。阴阳是相互分离的两个东西,道也就不能存在于它们任何一方,而是脱离它们,存在于二者之间的空地上。阴阳是万物的概括,道不在阴阳之中,也就是不在万物之中。儒家的道,就是《易传》上说的"一阴一阳之谓道"。依王夫之的理解,一阴一阳之道,说的是"主持"和"分剂"。王夫之说:阳的性质好动,但阳不能孤立存在,必须和阴一起运动;阴的性质沉静,因而限制着阳的动,使动不致过分。同理,阳的动也鼓动着阴的静,使阴不致过于沉静而僵死。这就好像有某种东西在

"主持",使阴阳既互相对立,又不相互分离,并且使它们正常作用,保持天地间始终不断、蓬勃旺盛的生机。这个"主持"不脱离阴阳,因为它不过是阴阳彼此之间的作用。"分剂"说的是在阴阳相互作用中,双方在量上也有一定比例。但数量多不一定质量高。比如生子,是父母的共同作用。子从母亲得到的多,从父亲得到的少。但父亲给予的虽少,质量却高,不可或缺。

王夫之认为儒家对道的解说最正确。道就在阴阳之中,也就在万物之中。道,是物的道,道和物不能分离(本书第四十章)。一包含着万,它存在于万之中,并不和万敌对(本书第三十九章)。道包含着万物,渗透于万物之中(本书第四十章)。因此,人们只能从万物之中去求得道,而不可能脱离万物去求得什么道,讲什么"抱一不离"。如果硬要那么做,那他抱持的就不会是道,而是非道、不道。

六

和无为一起的是清静。老子赞成厚重,反对轻浮;主张守静,反对躁动;主张切实地守住清静。王夫之借《老子》第五十章中说的"动之死地",发表了自己对动静关系的看法。

"动之死地",王夫之的理解,是运动而导致的死亡。王夫之认为,这是老子坚持守静的基本理由。

王夫之说：一个人，没有一定的地方叫作生，因为他到处活动；有了一定的地方叫作死，因为它不再运动。这样，死亡固然是由于运动，生存也是由于运动。死于运动的，不在于他运动，而在于他不能动中求静。王夫之认为：静存在于动中，动也存在于静中，二者同时起作用，也同时不起作用。得到一定的地方固然可怕，因为那是死亡的象征。但是运动，生存，也必须有个地方作凭借，不能脚不沾地，浮在半空。

佛教讲运动，认为每一瞬间事物都在生灭，但这一瞬间和下一瞬间没有联系，事物不会从这一瞬间过渡到下一瞬间；每一瞬间的事物都是突然发生、又突然消灭的东西。佛教看到了事物不断运动、变化，但把运动、变化推向荒谬。他们否认事物有静止，同时也就在实际上否认了运动。他们追求安静，但静在事物之外，他们也就只能在事物之外追求安静。老子也不能在运动中找到安静，而把运动看作非常可怕的事情。这种倾向，是王夫之所不取的。

王夫之认为，事物在运动、变化，但动中有静，变中有不变，不然该事物就不能成其为该事物。一个人，从小到老，天天都在变，但这个人还是这个人。社会的发展，科学、文化的进步，也是不断运动、变化，但这一阶段的东西总是继承了上一阶段的东西，这一阶段也要有某种东西存留到下一阶段。有时候，人们希望彻底否认以前的东西，希望完全割断和以前的联系，但事实上办不到。变化，使事物发展的不同阶段互相区别；不变的东西，使事物发展的不同阶段互相联系。前者是动,后者是静,这是变和不变的统一,运动和静止的统一。我们只能在事物之中,在变化着的事物和事物的变化之中求得安静,而不可能脱离事物,脱离运动去求得安静。

从根本上说,任何事物都是阴阳的统一。阴阳是同时存在,不能分开的。阳动、阴静,阴阳不能分开,动静也就不能分开。一阴一阳之道是王夫之动静观的根据。

老子主张守雌,因为雌性常以自己的安静战胜雄性。但接着又说,小国想取得大国的信任,因而奉承大国;大国想取得小国的信任,以求领导小国。他们对待对方都很安静而柔顺。但王夫之说,他们"想取得"就是动,不过是表面安静而暗中在动。绝对的安静是不存在的。

老子还主张"处弱",因为任何事物,一旦"坚强"起来,就离死亡不远了。比如人,活着时身体柔弱,死后就身体僵硬。比如草木,活着时枝叶柔软,死后就枝叶枯槁。人的处事,如果追求坚强,就离死亡不远,这叫作"不道",即不合乎道。

王夫之说:强弱,是事物的表现。草木要生长,就要不断地充实自己。不断充实,就使柔弱的变为坚强。柔弱,是因为它还幼小,不是为了活着而故意柔弱;坚强,是它已经长大,虽离死亡不远,也不能拒绝生长。已有的东西,不能再退到无。只要保持自身内阴阳二气的不断出入升降,不单柔弱,就是坚强,离死亡也远着呢!按老子的说法,要柔弱,最好是不长大,而且最好就不出生,永远是个无。

最使王夫之不能容忍的,是老子认为,道"泛兮其可左右"。直译是道像泛滥的河水，左右周流。照王夫之的理解，这是说道普遍存在，因而怎么做都可以。

老子说，道是"善人"的宝贝，"不善人"也要保持它。王夫之说，这样还有什么贵贱、是非、善恶呢？老子说，善的，我认为它善；不善的，我也认为它善。王夫之说，这不就像小孩学舌，好话他学，坏话他也学，好事他做，坏事他也做，这算什么道呢？

老子说："有"给人的便利，完全是由于"无"在起作用。比如器皿，人们用的是那空虚的地方，比如房屋，人们用的是四壁当中的空间。王夫之说：人们造有，为的是取得那个有。造就了它的有，同时也就形成了它的无。谁能想到造有是为了那个无呢？无，不过是起作用的地方罢了。没有那个有，也就没有那个无，不能脱离有来谈无。老子说：知道满足，不受侮辱；知道适可而止，不会危险。王夫之说：侮辱，可能有什么原因，也可能没什么原因。危险，有的是自己招来的，有的也不是。想依靠知道满足，适可而止来保全自己，是不可能的。

对道说了许多，但一个人，怎样才能得到道呢？老子说，道恍恍惚惚，是个抓不着、摸不住的东西。用耳目当然无法得到道，只有依靠思维。所以老子说，不出大门，能知天下；不望窗外，能认识天道，走得越远，知得越少。老子否认感性认识的作用，认为缤纷的颜色、动听的声音，会损害人的视听。他主张抛弃智慧和知识，认为这样才能天下太平。

王夫之说：耳目的作用是有限的，听任耳目，不仅败坏了事物的本来面目，耳目自身，也要被事物的表面现象所迷惑。那么，是否因此不要耳目，不要认识，也不要知识了呢？当然不能。只要知道这点知识只是那么一丁点儿，只是暂时的，而不固执就行了。怕的是把这一丁点儿、暂时的知识，当作终身处事的根据。王夫之认为，不动脑筋，贸然行事，当然不可能获得知识，闭门沉思，也可能有某种收获，但这不过是墙缝里透过来的一点光亮。王夫之反对把人都变成无知无欲的婴儿。王夫之说，这不过是以为关起门窗，就没有天地四方，自己睡死了，就没有了狂风迅雷，因而自欺欺人罢了。

七

王夫之认为，老子哲学产生的原因，是"周末文胜于质，往往离质以为文"。（《春秋家说·桓公》。）译成现代汉语，即"周朝末年追求形式而忽视内容，人们往往不顾内容而只追求形式"。更加恶劣的是，不少人甚至借这虚伪的形式去指责别人，或者缘饰自己的卑鄙行为。卑鄙的贪欲有了凭借更加泛滥，真理和正义却丧失殆尽。内容不存在了，形式却还借它的名义招摇过市。所以老子一类人才能够责备说，所谓的礼，不过如此罢了。暗地里已经摩拳擦掌，表面上却仍然彬彬有礼；或者表面上彬彬有礼，过后依然摩拳擦掌。忠诚和信用丧失，礼徒然成了祸乱的根源。这就是老子瞧不起礼制的原因。(参看《春秋家说·桓公》。)有些人，表面上很讲礼义，实际上却是窃国大盗。老子对这种现象不满，才说什么"圣人不死，大盗不止"。不过老子这话是说得太过分了，过分就会忘记公正。(参看《春秋家说·襄公》。)《老子衍自序》中，王夫之批判老了的三大缺点，其一就是"激俗而故反之"，即对现状不满，而故意唱些反调。

王夫之认为，徒具形式的礼制是要不得的，冒牌的圣人之道也应该抛弃，但是不应抛弃礼义制度本身，不应因此反对真正的圣人之道。老子不满意那虚伪的形式，却因此而反对礼义制度本身，甚至主张"绝圣弃知"，他不懂得形式是必要的。所以王夫之说，老子并不懂得礼。

王夫之认为，因不满于现状而故意唱反调，走另一极端，是中国历史上许多祸患的根源。王夫之把这种思想方法归结为一个字"激"，即偏激的意思。

在《读通鉴论》中，王夫之评述了一系列历史事件。汉代，有所谓"党锢事件"。王夫之同情党锢诸君子，但又批评他们"激以召祸"，即偏激引来了祸患。王夫之说，党锢诸君子只知与小人争曲直，却不能胸怀全局，全面分析情况，协助皇帝管好国事，犯了片面性的错误。这样，虽然自己获得了好名声，国家的利益却遭到损害。后来，在黄巾起义时，有人建议开放党锢，怕的是他们和农民军联合。王夫之认为，这是君子们使自己遭受的最大耻辱。(参看《读通鉴论·汉桓帝》。)

唐代政治，也有许多偏激事件。朝廷中的朋党，只知道如何战胜自己的对手，却不顾自己的行为是否利国利民。（参看《读通鉴论·唐文宗》。）最切近的教训是宋代的王安石变法。王夫之的立场，站在司马光方面。他认为司马光是君子，王安石是小人。但他又痛心地指出，以司马光为代表的"元祐诸公"，只是和王安石的"死灰"争是非，却没有一个切实的政治措施。只要是王安石所贬斥的人，司马光一律起用；只要是王安石任用的人，司马光一概贬斥。王夫之说，王安石时代的人，难道没有一个可委以重任的吗？用一个人，说这是被王安石排斥的。采纳一个建议，说这是被王安石反对的。王夫之愤慨地说，这里看不出什么是非，不过是在斗气罢了。正因为这样，以蔡京为首的"绍圣诸奸"，才得一反司马光的所为。王夫之说，反对司马光所做的一切，正是效法司马光做过的一切。就是说，蔡京是向司马光学来的。王夫之认为，这样的来回折腾，耗尽了北宋王朝的元气。（参看《宋论·哲宗》。）

王夫之评论历史，不是发思古幽情。朝廷里的党争，也是明朝政治的痼疾。直到在风雨飘摇中建立起来的南明桂王政权，这种斗争还在继续。一些人所争的，不是国家的安危，只是个人的是非曲直，甚至完全是假公济私。这些斗争，王夫之都亲自经历过。但是，他是明朝旧臣，心有隐痛，不忍备述，只好借古喻今了。

在这些斗争中，他反对那些小人，同时又衷心希望君子们不要和小人一般见识，否则不也成小人了吗！他希望君子们要全面地、有分析地处理问题，不要有偏激情绪，不要犯片面性的错误。为了避免这样的错误，他甚至也主张"三年无改于父之道"，以使国家的政策不致因偏激情绪而偏离正道。（《读通鉴论·汉章帝》。）王夫之认为，这种偏激的事，往往产生在皇位交替的时候。老皇帝在世时，臣子们人各有志，但不是都能得逞。等到老皇帝一死，他们就像鱼儿脱钩，洋洋自得，到处寻找机会，去抒发那郁积的愤懑。这种情绪，名义上是为国家着想，实则是发泄对老皇帝的怨气。他们要革除过去的一切，像进攻仇敌，像平定叛乱，只求一时痛快，不管后果如何。今天他矫正人家的，明天别人又来矫正他。政策混乱，朋党兴起，国家往往因此而败落。（参看《读通鉴论·汉章帝》。）在《老子衍》中，王夫之说，今天所矫正的，就是明天被矫正的，也是这个意思。

人们有偏激情绪，不一定要信奉老子。老子是否"激俗而故反之"，也可讨论。但王夫之的批判，目的也很明确，他希望人们摆脱，至少是能够避免这样一种思想方法。

一个事物，要破坏它，无所谓偏激不偏激。但要维护它，防止偏激情绪就十分重要。王夫之要维护封建制度，他能容忍，甚至支持批判这个制度的某些缺陷，但不能容忍否认这个制度的根本原则，比如礼制。

八

　　王夫之反对老子，认为老子哲学祸国殃民。他说，假如没有老子和佛教，天下人不至于如此迷惑。不过，他认为，造成这种结果，不是老子的本意。在《老庄申韩论》中，他说，老子（还有庄子）还是想力求符合圣人之道，只是没有做好，犯了错误。申不害、韩非所代表的法家，才是明显与圣人之道背道而驰。因此，老子比申不害、韩非要好。魏晋时代的何晏、王戎等人的罪过，不能让老子负责，因为老子也反对浮躁，反对贪婪。在《读通鉴论·梁武帝》中，他说，魏晋玄风也不能让老子负责，因为何晏、王弼只是学得了老子的流弊。王夫之认为，老子之道，也是圣人之道的一个方面。就是说，老子哲学，也是替统治者谋划的。

　　王夫之认为，老子哲学中最有价值的部分，是所谓"无为自化""清静自正"，就是说，不干涉事物的自然进程，让事物自己演化，自己趋于正道。在《老子衍自序》中，王夫之以沉痛的心情给中国历史描绘了一幅悲惨的图画：朝代更迭，大道沦丧，失败一个接着一个。治理天下的，生事扰民，搞垮了自己；夺取天下的，竭尽智慧，坑苦了百姓。王夫之说，假若这些人能像老子一样，看到事物即将到来的转机，预见到事物发展的苗头，从而等待事物的自然转变，事情或许会弄得好一些。王夫之认为，汉文帝、汉景帝用这个办法来治国，都达到了天下太平。张良，还有魏晋时的隐士孙登，用这个办法逃避祸害，都保全了自己。王夫之认为，老子的主张，比佛教要好。因为佛教的说法，不着边际，光怪陆离，轻率地抛弃事物不去研究。

王夫之称赞汉文帝，认为汉文帝"知时"。时是时间、时机。就是说，汉文帝能根据事物发展的不同情况，具体而恰当地处理问题。王夫之说，知时就接近于知天，知天就是"知天之几"。（《读通鉴论·汉文帝》。）天，指客观存在的情况，"天之几"是什么呢？王夫之认为，事物的发展，有兴盛，也有衰败，怕的是人们不能等待；几，就是盛衰、消长的转机，也是事物由一种状态变为另一状态的苗头。王夫之说，君子讲的是"贞一之理"，并非只注意事物的转机。"贞一之理"，是事物的根本原则，也是应贯穿于人们一切行动中的根本指导方针。老子没有这个"贞一之理"，因为他反对儒家的根本原则。老子讲究的，只是"知几"，这是王夫之所反对的。但王夫之认为，假若没有"贞一之理"，不得已而求其次，那么，"知几"，守静，无为，等待事物自然演化，也不失为一种办法。王夫之说，除此以外，再无别的办法。也就是说，儒家之外，只有老子哲学还有一点可取之处。（参阅《读通鉴论·汉文帝》。）

事物有盛有衰，有消有长，就是不去管它，它也会自生自灭。自然界如此，社会现象也是如此。没有不散的宴席，也没有不亡的王朝。好景不长，坏事也不会永久存在。但王夫之并不因此而主张清静无为、消极等待，而是主张"善动以化物"（《读通鉴论·汉文帝》），即善于引导事物向一定方向转化。在《老子衍》中，他讽刺老子的无为是等待黄河变清，马儿长角。但是，如果不能善于行动，就只能清静无为，暂时等待。为此，他称赞汉光武帝刘秀，说刘秀"以静制动"（《读通鉴论·汉光武》），使混乱的局面安定下来。此外还有晋元帝、宋太祖赵匡胤，都用"居静"之道获得了成功。王夫之不能容忍的，是何进这样的糊涂虫。何进看不到政局将要变化，不知"几"，贸然引董卓进京，从而造成了东汉末年的长期混乱。

怎样安排个人的一生，王夫之和老子根本不同。他写《老子衍》时，血气方刚，积极用世。他反对老子说什么"功成，名遂，身退"，认为那不是天道，人们当然也不应按那个原则处世。然而，长期的隐居生活，使他能从另一角度观察问题。在晚年的著作中，他认为，老子虽然不知"道"，但老子讲的"功成身退"，却是有见地的话。和老子不同的是，他认为退要有个退法。他认为，不管是进是退，都要根据现实的需要，而不是从个人私利出发；并且在退的时候，也不能拔脚就走，而要安排好自己的代替人。所以，他虽然赞成晋朝谢安不把自己的子弟安排到朝廷，而仅让他们在外地做官，却不赞成谢安没安排好自己的替身就拂袖而去。他认为，谢安的毛病，就是受了老子的影响。

在王夫之的著作中，我们处处都能感受到他对事物的深刻观察，对国家、对民族的一片赤诚。

九

本书的写作，曾参考过王孝鱼《老子衍疏证》（手稿复印本，一九八二年"纪念王夫之逝世二百九十周年学术讨论会"发）。书中有关《老子》的译文，除王夫之有特殊理解者外，均采自任继愈《老子新译》（修订本，上海古籍出版社一九八二年版）。书中提到的历史人物，凡为大家所熟知的思想家、政治家等，或文中已有说明的，或虽无说明但与本书宗旨无关紧要的，均不加注释。一些熟知的哲学概念，也不加翻译。书中凡提及"X章"者，涉及老子，即《老子》X章；涉及王夫之，即《老子衍》X章，不再一一注明。

《老子衍》一书，涉及许多人物。为了不使内容支离，只有在他们的思想行为构成《老子衍》思想的有机组成部分时，才详加注释，一般人物从略。

本书各章的解说，有详有略，那是因为各章的内容不同，无法齐整。这一点，是要请读者原谅的。

李　申

一九八七年夏—秋于北京劲松九区

目 录

自序 附补记 ………………………………………… 1

《老子衍》(附《老子纂注》)正文全译 ………… 7

    一章 ……………………………………………… 7

    二章 ……………………………………………… 11

    三章 ……………………………………………… 13

    四章 ……………………………………………… 16

    五章 ……………………………………………… 19

    六章 ……………………………………………… 21

    七章 ……………………………………………… 24

    八章 ……………………………………………… 26

    九章 ……………………………………………… 27

十章	31
十一章	34
十二章	37
十三章	39
十四章	41
十五章	45
十六章	48
十七章	51
十八章	53
十九章	56
二十章	58
二十一章	62
二十二章	66
二十三章	68
二十四章	70
二十五章	71
二十六章	75
二十七章	78
二十八章	81
二十九章	84

三十章 ……………………………………	87
三十一章 …………………………………	89
三十二章 …………………………………	91
三十三章 …………………………………	93
三十四章 …………………………………	97
三十五章 …………………………………	100
三十六章 …………………………………	102
三十七章 …………………………………	105
三十八章 …………………………………	107
三十九章 …………………………………	110
四十章 ……………………………………	114
四十一章 …………………………………	118
四十二章 …………………………………	121
四十三章 …………………………………	125
四十四章 …………………………………	127
四十五章 …………………………………	129
四十六章 …………………………………	131
四十七章 …………………………………	132
四十八章 …………………………………	135
四十九章 …………………………………	137

章节	页码
五十章	139
五十一章	144
五十二章	147
五十三章	150
五十四章	153
五十五章	156
五十六章	158
五十七章	161
五十八章	163
五十九章	166
六十章	168
六十一章	171
六十二章	173
六十三章	175
六十四章	178
六十五章	181
六十六章	183
六十七章	186
六十八章	188
六十九章	190

七十章	193
七十一章	195
七十二章	196
七十三章	199
七十四章	201
七十五章	204
七十六章	206
七十七章	208
七十八章	212
七十九章	215
八十章	218
八十一章	219
附录一 参考书目索引	223
附录二 重校说明	226
附录三 王孝鱼点校后记	227

自序
附补记

【原文】

昔之注《老子》者，代有殊宗，家传异说。逮王辅嗣、何平叔合之于乾坤易简，鸠摩罗什、梁武帝滥之于事理因果，则支补牵会，其诬久矣。迄陆希声、苏子繇、董思靖及近代焦竑、李贽之流，益引禅宗，互为缀合，取彼所谓教外别传者①以相糅杂，是犹闽人见霜而疑雪，雒人闻食蟹而剥蛬蜞也。

《老子》之言曰"载营魄抱一无离""大道汜兮其可左右""冲气以为和"，是既《老》之自释矣。《庄子》

---

① 禅宗自称是得了佛祖的教外别传。

曰"为善无近名,为恶无近刑,缘督以为经",是又《庄》之为《老》释矣。舍其显释,而强儒以合道,则诬儒,强道以合释,则诬道。彼将驱世教以殉其背尘合识之旨,而为蠹来兹,岂有既与!

夫之察其誖者久之,乃废诸家,以衍其意。盖入其垒,袭其辎,暴其恃,而见其瑕矣,见其瑕而后道可使复也。

夫其所谓瑕者何也?天下之言道者,激俗而故反之,则不公;偶见而乐持之,则不经;凿慧而数扬之,则不祥。三者之失,老子兼之矣。故于圣道所谓文之以礼乐以建中和之极者,未足以与其深也。

虽然,世移道丧,覆败接武,守文而流伪窃,昧几而为祸先,治天下者生事扰民以自敝,取天下者力竭智尽而敝其民,使测老子之几,以俟其自复,则有瘳也。文、景踵起而迄升平,张子房、孙仲和①异尚而远危殆,用是物也。较之释氏之荒远苛酷,究于离披缠棘,轻物理于一掷,而仅取欢于光怪者,岂不贤乎?司马迁曰"老聃无为自化,清净自正",近之矣。若"犹龙"之叹云出仲尼之徒者,吾何取焉!

岁在旃蒙协洽壮月己未②,南岳王夫之序。

---

① 此处原有王孝鱼按语:"仲和疑当作公和,晋孙登字。"
② 中华书局本,王孝鱼考"己未"为"乙未",以为是纪年。实则"旃蒙协洽"已是纪年,"壮月"是纪月,"己未"是纪日,故仍据曾刻本改回。

阅十八年壬子，重定于观生居①。明年，友人唐端笏须竹②携归其家，会不戒于火，遂无副本。更五年戊午，男敔出所藏旧本施乙注者，不忍弃之，复录此编。壬子稿有后序，参魏伯阳、张平叔③之说，亡之矣。上巳日湘西草堂记。④

【译文】

以往对《老子》的注释，代代宗旨不同，人人说法相异。王弼、何晏把《老子》混同于《周易》的乾坤对立、简约易行，鸠摩罗什、梁武帝肆意用佛教的理事关系、因果报应去加以曲解，他们支离补缀、牵强附会，对《老子》虚造妄说，由来已久了。到陆希声、苏辙、董思靖和近世的焦竑、李贽等人，更变本加厉地援引禅宗，和《老子》连缀掺和，拿他们所说的什么"教外别传"来糅杂，这就好比福建人把霜当成雪，陕南人听说螃蟹味美就吃蠨蛸一样。

《老子》有言"身体载着灵魂，要抱一而不分离"

---

① 观生居和后面的湘西草堂，都是王夫之居室名。
② 唐端笏：字须竹，王夫之学生。
③ 魏伯阳：东汉人，著有《周易参同契》。张平叔：即张伯端，字平叔，宋朝著名道士，著有《悟真篇》。
④ 按：这段补记据杨坚《〈老子衍〉编校后记》考证为王夫之自作。

"大道像泛滥的河水左右周流""在冲虚无别的气中得到和谐",这是《老子》自己已经为自己作了解释。《庄子》说:"行善要不至于出名,作恶要不至于受刑,事事走在正当中。"这又是《庄子》为《老子》作的解释。舍弃这些明明白白的解释,强使儒家去合乎道家,就歪曲了儒家;强使道家去合于佛教,就歪曲了道家。他们要牺牲儒家的教世之道,去适应佛教的四大皆空、唯重心识的信条,这样地遗害后人,何时才是个头呢!

我早就发现了他们的荒谬,于是就抛弃他们,来使老子自己的意思充分展开。为的是进入老子的营垒,掌握老子的所有,暴露老子的根据,从而发现他的缺点。发现了他的缺点,就可以使道得到恢复。

老子的缺点是什么呢?天下论说道的那些人,不满于世俗之见而故意唱反调,就不全面;偶有所得就抓住不放,则会偏离正道;有一点小聪明就到处卖弄,是谬误的前兆。这三种缺点,老子都有。所以对于圣道所说的把礼、乐作为文饰来建立起中、和这些行事的最高标准,其道理之渊深是老子所无法达到的。

尽管如此,(多少年来)天下易手,大道沦丧,覆灭和失败一个接着一个,死守儒经文辞反而变为歪曲、篡改；目光短浅、看不到事物的转机从而成了罪魁祸首；治理天下的生事扰民，自己搞垮了自己；夺取天下的用尽了力气和智慧，坑苦了百姓。假使他们能像老子一样，猜度出事物的转机，从而等待事物的自然平复，事情可能会办得好一些。汉景帝接着汉文帝，达到了天下太平。张良、孙登用不同的做法去避免危险，用的就是老子这一套。比起佛教的不着边际、苛刻酷虐，到头来不过是烦琐而无要领，搅绕无绪而又难以理解，轻率地抛弃现实事物而不去研究，只知讲些光怪陆离的荒唐话来自己欣赏，不是要好一些吗？司马迁说："老子主张无为，使事物自然演化；主张清静，使事物自己趋向正道。"这话接近老子的宗旨。至于庄子说孔子赞叹老子像龙，这种话我怎么能够相信！

乙未（1655）年八月二十七日
南岳王夫之序

过了十八年，到壬子年（1672），在观生居重新修订了《老子衍》。第二年，友人唐端笏（字须竹）将修订的本子带回自己家里，不慎失火烧毁，就再没有第二个本子了。又过了五年，到戊午年（1678），儿子王敔拿出自己收藏的加了批注的本子，我不忍丢掉，就又抄了一遍，编成此书。壬子年的稿本有后序，修订时参考了魏伯阳、张伯端的说法，现在已不存在了。三月初三日补记于湘西草堂。

《老子衍》（附《老子纂注》）正文全译

一章

【原文】

道，可道，非常道；_{常道无道。}[1]名，可名，非常名。_{常名无名。}[2]无名，天地之始；_{众名所出，不可以一名名。}[3]有名，万物之母。_{名因物立，名还生物。}[4]故常无欲，以观其妙；常有欲，以观其徼。_{边际也。}[5]此两者，同出而异名，_{异观同常，则有欲无欲，非分心以应，居中执常，自致妙徼之观。}[6]同谓之玄，玄之又玄，众妙之门。

可者不常，常者无可。然据常，则常一可也，是故不废常，而无所可。不废常，则人机通；无所可，则天和一。夫既有始矣，既有母矣，而我聊与观之，观之者，乘于其不得已也。观于其异，则有无数迁；观于其同，则有者后起，而无者亦非大始也。然则往以应者见异矣，居以俟者见同矣。故食万物而不尸其仁，入机伪而不逢其锐，知天下之情，不强人以奉己，弃一己之余，不执故以迷新。是以莫能名其功，而字之曰"众妙"。盖其得意以居，开户而历百为之生死者，亦甚适矣夫！

【《老子纂注》译文】[1]

[1] 常道不可言说。
[2] 常名没有称谓。
[3] 所有的名称都从这里产生，所以不能仅用某一个名字来称呼它。
[4] 名称是根据事物确定的，名称又可以产生事物。
[5] 徼，就是边际。
[6] 观察角度不同，但只要都是从道出发，那么，无论是有欲还是无欲，并不是分别进行观察，而是凝神静气，拿着那个常道，自然就能看到事物的奥妙和边际。

【《老子衍》译文】

说得出的不是常，常是说不出的。不过既然你说它

---

① 按：王夫之之子王敔的《老子纂注》译文以数码标引以便阅读。

是常，那么常就是一个说得出。所以你不抛弃那个常，就没有什么可以说得出（可你却既不抛弃那个常，又要在那里说）。不抛弃那个常，在人世的机谋艰险中就通行无阻；没有什么可以说得出，就是纯粹的天和。既然有了开始，又有了母，那就姑且让我去观察吧。观察呢，要借助于那不得已的运动。从名称不同这面去看，就能发现有与无无休止的转化迁流；从同一来源这面去看，有虽然是后来发生的，但无也不是最早的开始。然而去应对万物的见到了差异，安居等待的见到了相同。而它养育了万物却不以仁自居，在机谋诈伪中漫游也不会受到伤害。它通晓世道人情，不勉强别人崇奉自己；它抛弃对自己是多余的东西，不固执旧物，也不迷恋新物。所以无法说出它有什么功，因而把它叫作"众妙"。于是乎它自处非常得意，打开妙门就去阅看那各种事物的生化老死，也是很相宜的呢！

【解】

老子认为道是说不出的，说得出的就不是常道。既然如此，那么你还说那么多干什么呢！而且，你说道是"常"，这不就是一个说得出吗？王夫之首先揭露了老子在逻辑上的矛盾。接着就指出，老子既要保持那常道，又要说它说不出。保持常道，是为了在天下通行无阻；说不出，是为了保持"天和"状态。

常，意为永恒。"天和"一词出于《庄子·天道》："夫明白于天地之德者，此之谓大本大宗，与天和者也。"王夫之《庄子解》道："此老子所谓'守静笃'……"又见《庄子·知北游》："若正汝形，一汝视，天和将至。"王夫之《庄子解》道："正形一视，摄知一度，皆以无思无虑为知者也……忘言忘义，天和在己……"因此，天和，就是指老子主张的无思无虑、守静无为状态。王夫之描写这种状态是，像个婴儿，像个醉鬼，老虎来了也不咬他，这就叫作天和。（见《周易外传·履》。）

老子说"无名"是天地的开始，"有名"是万物之"母"，认为有、无是同一来源，只是名称不同，并且要"观其妙""观其徼"。王夫之说，那就让我们来看一看，从这里能够观察到什么吧：从名称不同这一面看，有与无相互不同；从同一来源这一面看，谁也不是谁的开始。这就用老子自己的话反对了老子无中生有的主张。

王夫之集中揭露了老子这个得道者的处事态度。一般人，应对事物的看到了差别，不涉世事的看到了相同。但老子的道玄之又玄，其中蕴藏着一切奥妙。它自处非常得意，打开这奥妙的门，也只是去"观"，而并不干涉事物。因此，任凭人世多少机谋权诈，道也不会受到伤害。其中，"弃一己之余"的"余"，即二十四章的"余食赘行"。"历百为之生死"的"历"，此处应为"历数"，因为老子只主张"观""阅"而不主张做，所以译为"阅看"。

二章

【原 文】

天下皆知美之为美，斯恶已；皆知善之为善，斯不善已。故有无相生，难易相成，长短相形，高下相倾，声音相和，前后相随。天下之所可知。[1]是以，圣人处无为之事，行不言之教；非不令天下知，因其不可知者而已。[2]万物作焉而不辞，生而不有，为而不恃，功成而不居。夫唯不居，是以不去。

天下之变万，而要归于两端。两端生于一致，故方有美而方有恶，方有善而方有不善。据一以概乎彼之不一，则白黑竞而毁誉杂。圣人之"抱一"也，方其一与一为二，而我徐处于中，故彼一与此一为垒，乃知其本无垒也，遂坐而收之。垒立者居，而坐收者不去，是之谓善争。

【《老子纂注》译文】

[1] 这是一般人都能了解的。
[2] 不是故意不让天下人知道，只是因为圣人的言行一般人无法了解罢了。

【《老子衍》译文】

天下的事物千变万化，可以概括地归为两端对立。对立的两端产生于一致。所以有美就有丑，有善就有恶。你根据这一面去衡量不同的另一面，就会黑白争逐，毁誉淆杂。圣人的"抱一"是这样的：当此一与彼一对立为二时，我呢，就从容地置身于它俩的中间（不置可否）。因为当此一和彼一壁垒森严时，我却知道他们并没有森严的壁垒，这就可以坐收成功。和彼方壁垒森严对立的居功，坐收成功的功劳却不会失去，这就叫善于竞争。

【解】

老子在这一章列举了美丑、善恶、高下、前后等具体的对立。王夫之认为，这都可归结为两端对立。王夫之之子王敔在《老子纂注》中写道："天下之所可知。"这就是说，事物普遍存在着两端对立，是一般人都了解的常识。问题是如何处理这两端对立。如果都以自己的标准去衡量对方，要求对方，必然引起争执，事情也不会成功。依王夫之的看法，老子的办法是"无为""不言"，以便坐收成功。为什么"无为""不言"能坐收成功呢？老子在本章没有讲。但王夫之认为，老子知道事物本来没有壁垒森严的对立，现在的对立都是暂时的，都要转化到它们的反面。也就是说，这些对立最终都要消解，何必管它们呢！只要善于等待，就可坐收成功。这就是老子的"无为""不言"的道理所在，也是老子用来争夺功劳的手段。

王夫之在本章所说的"圣人"，是老子心目中的圣人。王夫之描述这种圣人是："或曰圣人心如太虚。还心于太虚，而志气不为功，俟感通而聊与之应。非异端之圣人，孰能如此哉？异端之圣，禽之圣者也。"（《诗广传·召南》）《老子衍》中所提到的圣人，基本都是这种"异端之圣"。"抱一"，王夫之是反对的。他说："故圣人之与异端，均言一矣：彼曰归一，此曰一贯；彼曰抱一，此曰一致。"（《周易外传·系辞下》）所谓"一贯"即"一以贯之"，是说道贯穿于一切事物之中。"归一"，即"万法归一"，不是道本来贯穿了事物之中，而是最后才复归于道。"一致"，是说对立面本来是统一的，对立，是统一中的对立。"抱一"，认为事物本来不是统一的。王夫之说，君子的出发点是一，而小人是二。他认为，这是君子和小人（即佛、道）的根本区别之一。

三章

【原 文】

不尚贤，使民不争；不贵难得之货，使民不为盗；不见可欲，使心不乱。是以圣人之治，虚其心，以无用用无。[1]**实其腹**,以有用用有。[2] **弱其志**,善入万物。[3] **强其骨**,植之以俟。[4] **常使民无知无欲,使夫知者不敢为也。为无为,则无不治。**然而物已治矣。[5]

争未必起于贤,盗未必因于难得之货,心未必乱于见可欲。万物块处而梦妄作,我之神与形无以自平,则木与木相钻而热生,水与水相激而沤生,而又为以治之,则其生不息。故阳火进,而既进之位,虚以召阴;阴符退,而所退之物,游以犯阳。夫不有其反焉者乎?虚者归心,实者归腹,弱者归志,强者归骨,四数各有归而得其乐土,则我不往而治矣。夫使之归者,"谁氏"之子?而执其命者何时也?此可以知争哉?而不知者不与于此。故圣人内以之治身,外以之治世。

【《老子纂注》译文】

［1］因为心无用所以用它的无。
［2］因为肚子有用所以用它的有。
［3］善于融入万物。
［4］站稳了好等待。
［5］然而事物已经有条有理了。

【《老子衍》译文】

竞争未必是由于尚贤,盗贼未必是起因于贵重的物品,人心未必是因为那足以引起欲望的事物才被扰乱。万物像土块一样安静,人却会胡乱做梦,我们的精神和形体无法自己相安（并不是见了什么引起欲望的事物）。木与木摩擦就生热，水与水相激就起泡，再加上人的推动，热和泡的产生就不会停。所以，阳火是进的，但它进上去以后，原来的位置空虚就招来了阴。阴符是退的，但这个退下来的东西却在游动中侵犯了阳。难道没有与此相反的情形吗？空虚归于心灵，充实归于肚子，软弱归于意志，坚强归于骨骼，这四种东西都各有归宿并得到了自己的乐土，就是我撒手不管也会井井有条。不过，那使它们各归乐土的是谁家的儿子呢？它们命运的掌握者又是何时这样决定的呢？这能叫作懂得竞争吗？当然，不懂竞争的是不参与这一套的，所以，圣人对内就用这一套来治身，对外就用这一套来治世。

【解】

第二章中，老子说，不居功的人，功绩才不会失去。王夫之认为，这是老子企图坐收成功，所以说他是善于竞争的。本章继续谈论竞争。

老子认为，竞争的根源在于存在那些引起竞争的事物，消除这些事物，大家就能和睦相处。比如：不尚贤，大家就不会求知识。不求知识，头脑简单，什么也不懂，百姓就好治理。王夫之反驳说：竞争不一定是由于存在引起竞争的事物，人心未必是见到这些事物才被扰乱。摩木生热，激水起泡，事物的矛盾斗争是不可避免的。企图从根本上取消竞争，是办不到的。

老子主张人民要头脑简单，意志软弱，只是吃饱肚子，保持身体健康。那么，王夫之说，由谁来达到这个目标呢？老子主张无为，但要达到这个目标，就必须有为；不达到这个目标，就做不到无为而只能有为。不管哪种情况，老子的无为都不可能。但老子一面追求着某种目标，一面又大谈无为，企图消灭竞争，所以王夫之说，这能叫懂得竞争吗？他还揭露说，老子不论是用于修养自己，还是用来治理国家，所说的不过是这种自相矛盾、无法实现的东西。

文中阳火、阴符是炼丹家术语，指炼丹过程中阴阳二气的交替轮转。王夫之认为这是炼丹家在阴阳二气之间人为地划了一条界限，使它们敌对、战斗。王夫之认为阳不离阴，阴不离阳，二者同时存在，相伴而行，反对人为地把二者分开。但他在此处却是借炼丹家自己的说法，揭露即使是在追求绝对安静的修炼过程中，也避免不了矛盾斗争。（参阅王夫之《周易外传·系辞上》。）所谓"谁家的儿子"，原文见《老子》第四章"吾不知其谁氏之子"，指道。

四章

【原　文】

道，冲而用之，"冲"古本作"盅"，器中虚处。[1]或不盈；

不期不盈故或之。[2]**渊兮似万物之宗。挫其锐，解其纷；和其光，同其尘；**阳用锐而体光，阴用纷而体尘。[3]**湛兮似或存。吾不知其谁氏之子，象帝之先。**

用者无不盈也，其惟"冲而用之或不盈"乎！用之为数，出乎"纷""尘"，入乎"锐""光"；出乎"锐""光"，入乎"纷""尘"。唯冲也，可锐、可光，可纷、可尘，受四数之归，而四数不留。故盛气来争，而寒心退处。虽有亢子，不能背其宗；虽有泰帝，不能轶其先。岂尝歆彼之俎豆，而竞彼之步趋哉？似而像之，因物之不能违，以为之名也。

【《老子纂注》译文】

[1] 冲，古代本来是"盅"字，器皿中空虚的地方。
[2] 不能指望它就是"不盈"，所以加个"或"字。
[3] 阳的作用锐利，本体光明；阴的作用繁纷，本体昏暗、滞重。

【《老子衍》译文】

　　用，都是不会完结的。难道只有空虚的作用才是不会完结的吗？用的规律是：离开纷扰和浊重，必然进入锐利和光明；离开锐利和光明，必然进入纷扰和浊重。只有空虚啊，它可以锐利，可以光明，可以纠纷，可以污浊，接受四者的到来，同时四者也不停留。所以当别人盛气凌人地来竞争的时候，我就心寒胆怯地退居一旁。

虽有出类拔萃的孩子，也不能改了他自己的姓氏。即使那最初最早的帝，也不能越过他的先人。难道能够因为羡慕人家祭祀的器皿，就亦步亦趋地学人家的礼仪吗？它好像是在帝出现以前就已存在，因为万物都不能违背它，就用道做了它的名字。

【解】

　　上两章谈竞争，这一章由竞争谈到竞争的手段：空虚无物。在老子看来，空虚无物的作用是无穷无尽的，它超脱纷扰，含容着光耀，不露锋芒，混合着尘垢。这样一种东西，无法测度，因而作用无穷。

　　王夫之认为：任何作用，都是不会完结的，所谓完结，不过是由这种作用变成了那种作用。比如由光明变黑暗，前者作用消失，后者作用产生。至于作用本身，则总是存在，不会穷尽的。并不只是空虚的作用才会穷尽，只是由于空虚可以容纳一切作用，同时又不只坚持某一种作用，所以老子才推崇空虚。

　　老子主张守雌、柔弱。所以王夫之说，当别人盛气来争的时候，他就甘心退让。原因是老子懂得，道产生了万物。因此不论何物何事，都是道的子孙。无论它们作用如何强大，都不能超出道的范围，就像一个人无法改变自己的姓氏一样。这样，我只要守住道，把空虚作为手段，世界上的一切不就都被包罗其中了吗？

王夫之说，其实呢，这不过仅是"好像"罢了，即万物仅仅"好像"是由道产生的；事实上，道只是一种万物的行为都无法违背的东西，却不能说万物是由道产生的。

万物既不是由道产生的，道也不是万物的祖先，那么守着虚无之道，企望它作用无穷，是不可能的。王夫之虽未在《老子衍》中明白说出，但包含着这样的意思。

所谓"羡慕人家祭祀器皿……"是说道不向任何一种具体作用学习。不论道多么好，它只是用空虚无物来包容一切。

五章

【原 文】

天地不仁，以万物为刍狗；圣人不仁，以百姓为刍狗。天地之间，其犹橐籥乎。虚而不屈，屈然后仁。[1]动而愈出。出已必穷。[2]多言数穷，仁则必言。[3]不如守中。

风生于空，橐待于鼓，相须以成，而器原非用，故同声不必其应，而同气不必其求。是以天不能生，地不能成，天地无以自擅，而况于万物乎？况于圣人乎？设之于彼者，虚而不屈而已矣。道缝其中，则鱼可使鸟，而鸟可使鱼，仁者不足以似之也。仁者，天之气，地之滋，有穷之业也。

【《老子纂注》译文】

[1] 虚"屈"（用完）了，就会成为仁。
[2] 出去了，就要穷竭。
[3] 仁，就一定要说。

【《老子衍》译文】

　　风产生于虚空，橐籥有待于鼓动，都是互相依赖的。不过，发挥作用的原来却不是器。所以同声不一定相应，同气也不一定相求。这样，天也不能产生万物了，地也不能养育万物了。天地尚且自己无法做主，何况万物呢！何况圣人呢！在它们那里允许存在的，不过仅是一个"因为空虚而不会穷竭"罢了。只要有道贯穿在事物之中，就可以使鱼变成鸟，使鸟变成鱼。有仁德的人是不足以和它比拟的。因为仁德的事，不过仅是天的施气，地的养育，这都是有穷尽的事业。

【解】

　　这一章继续讲虚。
　　儒家认为，天产生了万物，地养育了万物。在《老子》第十一章中，老子认为，车子、陶器、房屋之所以有用，全靠它们的空虚部分，并得出结论说，"有"所给人的便利只是由于"无"在发挥作用。在本章中，老子把天地比成橐籥（古代鼓风的皮囊），又说"空虚而不会穷竭"。那么，照上述道理推论，生养万物的并不是天地本身，而是天地之间的空虚部分。所以王夫之说，天也不能产生，地也不能养育了，并讽刺老子说，只要有道在事物中间弥缝，鱼也可以变成鸟，鸟也可以变成鱼，什么花样都会出现。后边说"仁者是有穷尽的事业"，是讽刺老子主张不仁。

六章

【原 文】

谷神不死，吕吉甫①曰：有形与无形合而不死。[1]是谓玄牝。吕吉甫曰：体合于心，心合于气，气合于神，神合于无，合则不死，不死则不生，不生者能生生，是之谓玄牝。[2]玄牝之门，是谓天地根，绵绵若存，用之不勤。

世之死"谷神"者无限也，登山而欲弋之，临渊而欲钓之，入国而欲治之，行野而欲辟之。而"谷神"者不容死也，可弋，可钓，可治，可辟，而不先物以为功。畴昔之天地，死于今日；今日之天地，生于畴昔。源源而授之，生故无已，而谓之根。执根而根死，因根而根存。"绵绵"若缀乎？"不勤"

---

① 吕吉甫：即吕惠卿，字吉甫，宋朝人，著有《道德真经传》。

若废乎？因根以利用者，启"玄牝之门"乎？

【《老子纂注》译文】

[1] 吕惠卿说：有形的身体合并于无形的神气就不死。

[2] 吕惠卿说：身体合并于心，心合并于气，气合并于精神，精神合并于无。合并，就不死，不死就没有生命，没有生命能产生生命，这就叫玄牝。

【《老子衍》译文】

世界上死了谷神的事情多得很呢。登上山就想打鸟，到河边就想钓鱼，进入一个国家就想把它治理好，经过荒野就想把它开成耕地。而谷神本身是不可以死的，它可射鸟，可钓鱼，可治国，可开荒，而在论功的时候它却躲在后面。过去的天地，死于今天；今天的天地，生于昨天。这样源源不绝地延续着，产生万物的行为本来就没有个停止，却要把它叫作根。执着于根，根就要死亡；因顺着根，根就得到保存。"绵绵不断"是像单丝独线在联缀着吗？"不勤奋做事"，是像颓废不堪的样子吗？因顺着根而利用它的，要不要打开玄牝的门呢？

【解】

此章仍然讨论空虚的作用。山谷是空虚的。谷神，即山谷之神，指空虚，此处乃是老子之道的代名词。

这一章一上来就摆出了两种处世态度。一种是有为而不能虚无恬淡的（即死了"谷神"的），他们上山就想打鸟，下河就想捉鱼，无论何时何地，总想有为。一种是虚无恬淡，它无为，又无不为，所以什么都可以做，却又不和人争功。前几章，王夫之已对老子推崇虚无作了许多分析，因此，此处只须把两种态度对立起来，就可知老子的主张不能为多数人所接受。

天地源源产生一段，是王夫之自己的思想。王夫之认为天地万物每日每时都在产生着，也每日每时都在死亡着。这是天地间固有的过程，并没有产生天地的什么根。而老子却说有个产生天地的什么根，这个根就是"玄牝之门"。玄是昏暗不清，牝是雌性生殖器。

老子主张"守雌"，即主张处事应像雌性动物那样，柔弱、退让。因此，王夫之说他是"执着于根"。但有雌无雄就无法生育，所以王夫之说这样"根"就要死亡，只有因顺根的本性，根才能得到保存。雌的本性是和雄配合，和雄配合，就是所谓打开玄牝之门。王夫之设问：要不要打开这个玄牝之门呢？不打开，守雌、柔弱、退让，天地的生机就要死灭；打开，天地的生机才可保存。但打开，是积极有为。这样，如果想让天地生机旺盛，就必须抛弃消极无为。至此，王夫之已充分说明，老子的空虚"谷神"已被多数人抛弃，"玄牝"之说也是自相矛盾的。

"绵绵不断""不勤奋做事"，是《老子》原文的译文。

若"独线联缀",是王夫之用老子自己的意思讽刺老子的主张将使天地间的生机链条随时可断。"颓废不堪",是对老子消极无为的斥责。"不勤",应训"不穷尽",但王夫之的理解,"不勤"就是无为,不做事,所以才斥责为"颓废不堪",并把它和有为的行为对立起来。

七章

【原文】

天长,地久。天地所以能长且久者,以其不自生,不自生物。[1]故能长生。物与俱长。[2]是以圣人后其身而身先,外其身而身存。非以其无私邪?故能成其私。

夫胎壮则母羸,实登则茎获,其不疑天地之羸且获者鲜也。乃天地不得不食万物矣,而未尝为之食。胎各有元,荄各有蕾,游其虚中,而究取资于自有。圣人不以身犯难,是后之也;不以身入中,是外之也。食万物而不恩,食于万物而万物不怨。故无所施功,而功灌于苴卤;无所期德,而德行于曾玄;而乃以配天地之长久。

【《老子纂注》译文】

[1] 不亲自产生物。

［2］物与天地一起生长。

【《老子衍》译文】

一般说来，胎儿健壮母亲就会瘦弱，果实熟了杆茎就要枯死，因此而不怀疑天地也会消瘦和枯死的人是很少的。天地不得不养育万物，却并不曾给他们吃什么。胚胎都有自己的始基，花儿各有自己的蓓蕾。它们在天地的虚空中生长，但归根结蒂所摄取的不过是自己本来就有的东西。圣人不用自己的身体去触犯危险，这就是所说的"后其身"；不涉足事物之中，这就是"外其身"。养育万物而不以为是恩德，靠万物养育万物也不会怨恨他，所以他不做事，但功劳甚至会灌输到枯草和盐碱地中；他不立德，但他的德行甚至会流传到曾孙玄孙。老子就这样来和天地之长久相配。

【解】

这章讨论老子的无为思想。

本章开头两句，是揭露老子之所以主张无为，乃是因为怕为了别人而损害自己。老子看到，所谓天地生物，并不是天地自己去生，而是让物自己生长；所以他就以天地为榜样，什么事也不做，只求保全自己，却希望获得最大的功劳和最高的德行。《衍》文说"老子就是这样来和天地之长久相配"，显然是对老子的讽刺。

八章

【原 文】

　　上善若水。水，善利万物而不争，处众人之所恶，人情好高而恶下。[1]故几于道。居善地，心善渊，与善仁，言善信，政善治，事善能，动善时。不著其善，故善。[2]夫唯不争，故无尤。

　　五行之体，水为最微。善居道者，为其微，不为其著，处众之后，而常得众之先。何也？众人方恶之，而不知其早至也。逆计其不争而徐收之，无损而物何争？而我何尤？使众人能知其所恶者之为善，亦将群争之矣。然而情之所必不然也，故圣人擅利。

【《老子纂注》译文】

[1] 人情喜欢高攀，讨厌卑下。
[2] 不表现它的善，所以处处都善。

【《老子衍》译文】

　　五行的体质，水最微弱。善于以道处世的人，要做这种微弱的（水），而不做那些显著的（金、木、火、土)。他办事处于众人之后,其结果却常在众人之先。为什么呢?当大家正讨厌某些事物的时候,却不知道他早已到那些事物之中去了。预先就估计到大家不会争这件事,于是就从容地收到了在众人之先的效果。不妨碍别人,谁还会来竞争?而我还会有什么过错?假使大家能够知道他们所讨厌的其实是个好东西,那么也将群起而争之了。但是事情一定不会闹到这个地步,所以圣人就独自得了这个便宜。

【解】

这一章讨论的是老子的"要做弱者"的主张,王夫之认为,这不过是投机取巧。

九章

【原文】

持而盈之,持之使盈。[1]不如其已;揣而锐之,揣之使锐。[2]不可长保。玉金满堂,莫之能守;固当以不守守之。[3]富贵而骄,自遗其咎。功成,名遂,身退,天之道。

善盈者唯谷乎?善锐者唯水乎?居器以待,而无所持也;顺势以迁,而未尝揣也。故方盈、方虚,方锐、方錞。其不然也，以天为成遂，而生未息；以天为退，而气未缩。何信乎？故鸱夷子皮之遁也，得其迹也；郭子仪之晦，得其机也；许繇、支父之逝也，得其神也。迹者，以进为进，以退为退。机者，方进其退，方退其进。其唯神乎！无所成而成，无所遂而遂也。虽然，其有退之迹也，神之未忘乎道，道之未降处乎机也。

【《老子纂注》译文】

[1] 拿着使它圆满。
[2] 磨砺使它锐利。
[3] 本应该用"不守"来守它。

【《老子衍》译文】

　　善于完满的只有山谷啊！善于锐利的只有水啊！山谷像个器皿，安静地等待着，却不持有什么；水顺地势而流动，却没有被磨砺过。所以它们才能既圆满又空虚，既锐利又迟钝。倘若不是这样，认为天功成名遂了，但天生万物的行为并没有停止；认为天要身退了，但气却并未萎缩。这怎么能够相信（那个天道）呢？所以范蠡的隐遁，只是学得了皮毛；郭子仪的韬晦，是看准了转机；许由、支父的逃离，是掌握了道的神妙。学得皮毛的，把进就当成进，退就当成退。看准转机的，正在进的时候他却退，正在退的时候他却进。只有那达到神妙地步的人哪，不去成就却成就了，不求达到却达到了。虽然如此，许由、支父毕竟有隐退的事实，那就是说，虽然神妙还未忘记天之道，天之道还未堕落为机谋。

【解】

这一章从老子"做个像水一样的弱者"讨论到老子所主张的一般处世之道。

本章开头是说，老子之所以要做个弱者，是为了收到强的效果。这就好像水的驽钝，其实水可顺势迁流，有孔即入，比起金木土火等等，显得更加锐利。老子并非只是主张做个弱者就完了，这正是老子的深意所在。如果不是这样理解，以为老子真的是想做个弱者，主张功成身退，那就错了。比如所谓天道，老子说，功成名遂身退，是天之道。但是，你认为天功成名遂了，但天仍然在生育万物；你认为天要身退了，但天的气并未萎缩。因此，老子所说的天之道是假的，不存在的。谁要这样去做，那就未得老子真义。

范蠡，是春秋末年越国大夫，他帮助越王勾践灭了吴王夫差，就隐退了，并且改变姓名，自称鸱夷子皮。（参看《史记·越王勾践世家》。）范蠡的行为，符合老子所说的天道，所以王夫之说他是只学得了皮毛。郭子仪是唐代大将，在平定安史之乱中建了奇功，却屡被皇帝猜忌，但都以退让幸免。在王夫之看来，郭子仪并非真的退让，而是老谋深算，看准了时机。许由、支父是尧时隐士，传说尧要把天下让给他们，他俩都先后逃离不干，被后世认为是品德高尚的贤人隐士。王夫之说，范蠡最肤浅，把进就当成进，退就当成退；郭子仪的机谋就深一层，该进的时候他反而退让，该退让的时候他反而进取；真正领会了道的神妙的人是许由和支父。范蠡、郭子仪毕竟出生入死，建立了大功，而许由、支父什么也不做，却获得了比范、郭高得多的声望和荣誉。这其中的奥妙，正是老子的主张。不过，王夫之说，尽管如此，许由、支父毕竟有隐遁的事迹，所以他们虽然懂得奥妙，却并未忘记功成身退之道，更没有把功成身退之道作为一种机谋。言外之意，老子的功成身退之道不过是一种机谋而已。

十章

【原文】

　　载营魄营魄者，魂也。载者，魄载之。[1]**抱一**，三五一①。[2]**能无离乎？专气致柔，能婴儿乎？涤除玄览，能无疵乎？爱民治国，能无为乎？天门开阖**，生之所自出，为天门。[3]**能为雌乎？**化②至，乃受之。[4]**明白四达，能无知乎？生之，畜之；生而不有，为而不恃，长而不宰，是谓玄德。**

　　载，则与所载者二，而离矣。专之，致之，则不婴儿矣。有所涤，有所除，早有疵矣。爱而治之，斯有为矣。阖伏开启，将失雌之半矣。明白在中，而达在四隅，则有知矣。此不常之道，倚以为名，而两俱无猜，妙德之至也。

---

① 三五一：即三与五合而为一。三与五合而为一的说法很多，王敔指的什么，不易确定。可作参考的，一是魏伯阳《周易参同契》，说药物在丹炉里合而为丹；一是王夫之转述养生家说法，大意是排除一切杂念，专心一志，使精、气、神（三）与身体（五行气所化）这个五合于道（一）。可参看王夫之《楚辞通释·远游》和《唐钦文六秩寿言》。身体与精神相合，叫抱一。要做到这一点，又要凝神、内守，所以抱一又等于专一。这样才合乎道，一又是道的同义语，所以抱一又等于抱道。

② 化：施化，此处指雄性的性行为。

【《老子纂注》译文】

[1]营魄，就是魂。载，是魄装载着。
[2]三与五合而为一。
[3]事物都从那里出来，所以叫天门。
[4]施化到来的时候，它就接受施化。

【《老子衍》译文】

负载，就与被负载的是两个东西，已经分离了。专心干什么，致力于什么，这就不是婴儿能做到的了。要清洗，要扔掉，就证明那件器物早有毛病了。爱它，并且治理它，这就有了作为了。有合有开，雌的性质就丢了一半了。心中明白，并且使它延伸，波及四面八方，这就有了知识了。这是不常的道，据上面说的起了这个名字，与前面那个常道并行不悖、和睦相处、彼此无猜，这就是所谓玄德的最妙处。

【解】

这一章几乎全用老子自己的话来揭露老子的自相矛盾。

老子说，身体载着灵魂，抱一，能不分离吗？王夫之反驳说，既然分成负载的和被负载的，已经是两个东西，就不可能不分离。

老子说，专精守气，致力柔和，能像无欲的婴儿吗？王夫之说，能专心于什么，能致力于什么，这就不是婴儿了。

老子说，清除杂念，专心静观，能没有瑕疵吗？王夫之说，一件东西，要去清洗它，要除掉它身上的什么，就说明它早已有了瑕疵。

老子说，爱护人民，治理国家，能自然无为吗？王夫之说，既然"爱"，又去"治"，这就是有为，还怎么能够无为？

老子说，生育万物的大门一开一合，能够像雌性一样柔顺吗？雌性的行为是被动的，若有开有合，至少有一半是主动行为，所以王夫之说雌的性质就丢掉一半了。

老子说，心中明白，并且使自己的认识扩展到四面八方，能够做到无知吗？王夫之说，你不仅心里明白，而且还要把这种明白扩展到四面八方，这还怎么能做到无知呢？

所以老子的话，全是自相矛盾。一方面，老子主张无为，主张做个弱者，主张禁欲绝望，像婴儿一样，主张像雌者一样柔顺，主张抛弃一切知识，否认一切认识活动，并认为这样才符合道；一方面又要去"专"，去"致"，去"涤"，去"除"，去"爱"，去"治"，这全是有为、有知、有欲、刚强的行为。王夫之讽刺说，这是"不常"的道，和老子那个"常道"并行不悖，这就是老子所谓"玄德"的奥妙。

十一章

【原 文】

三十辐共一毂，当其无，毂中空处。[1]有车之用。埏埴以为器，当其无，盂中空处。[2]有器之用。凿户牖以为室，当其无，户窦空处。[3]有室之用。故有之以为利，无之以为用。吴幼清①曰：有气以存身，无物以生气。[4]

造有者，求其有也。孰知夫求其有者，所以保其无也？经营以有，而但为其无，岂乐无哉？无者，用之藏也。物立乎我前，固非我之所得执矣。象数立于道前，而道不居之以自碍矣。阴碍阳融以为人，而冲气俱其间，不倚于火，不倚于符者遇之。仁义刚柔以为教，而大朴俱其间，不倚于性，不倚于情者遇之。胜负得失以为变，而事会俱其间，不倚于治，不倚于乱者遇之。故避其坚，攻其瑕，去其名，就其实，俟之，俄顷而万机合于一。

【《老子纂注》译文】

[1] 毂当中的空虚部分。

---

① 吴幼清：即吴澄，字幼清，元朝人，著有《道德真经注》。

［2］器皿中间的空虚部分。

［3］门窗等空的部分。

［4］吴澄说：气是维持生命的有，但气产生于无。

【《老子衍》译文】

制造有的人，追求的是那个有。有谁知道追求有的人，却是为了保持那个无呢？经营的是那个有，为的是那个无，难道是喜欢那个无吗？无，不过是蕴含作用的地方罢了。物摆在我的面前，本来就不是我所能够把它们握在手心的。象数摆在道的面前，道也不会陷入象数里头自己限制自己。阴气凝结、阳气融化成了人，冲虚的气就存在于人体之内，不依赖阳也不依赖于阴的那个东西（按：指道）和它投合。用仁义刚柔进行教化，"大朴"就存在于仁义刚柔之中，不依赖于性也不依赖于情的那个东西和它投合。胜负得失不断变化，事物的交会处就存在于胜负得失之中，不依赖于治也不依赖于乱的那个东西和它投合。所以要避开坚固的，进攻薄弱的，抛弃虚名，摄取实利，稍加等待，很快一切事物都会合而为一。

【解】

这一章讨论"有""无"关系。

老子主张无为，也推崇无。老子认为，器物之所以给人以便利，全靠着器物的空虚处（无）。比如器皿，底和边之所以于人有利，全靠中间空虚处的作用。比如房屋、墙壁、屋顶之所以有利于人，靠的是屋顶之下、四壁之间的空间。推而广之，一切有给人的便利，靠的都是无的作用。

王夫之说，人们创造有，追求的也是那个有。比如造了房屋，要的就是房顶、墙壁等等。造了车子，要的也是车轮、车篷等等。谁能想到，人们追求那个有，为的却是那个无呢？只有老子才有这种古怪的想法。王夫之说，无，不过是事物起作用的部分，造成了器物的有，也就有了起作用的无，人们并不像老子那样，特别喜欢那个无。

象、数，是《周易》中的术语。人们用《周易》的方法占卜，要用一定数量的筮草棒进行推演，并根据最后所余草棒的数量画成卦。卦象征着某种事物或吉或凶，所以称"卦象"。象数，就是指《周易》中的那些卦象（或爻象）以及占卜中所依据的数目。有人主张严格按照卦象和数目去预卜吉凶，或推出某种道理。有人主张不拘泥于象数，而要去体会象数背后的道理。拘泥象数，其弊病是烦琐不堪，顾此失彼，矛盾百出。求象数背后的道理，其弊病是不顾规范，任意解释。用于现实生活，容易不顾客观实际，主观地去求什么言外之意，象外之道。王夫之认为，不能拘泥于象数，但也不能撇开象数。正确的做法，是从象数出发，去追求象数之中所包含的道理。用于现实生活，就是从具体事物出发，去求事物之中的道理。象数、事物是有，道理是无，就是从有出发，去寻求有中之无。但老子只推崇无，王夫之说，道不会处于象数中自己限制自己，也包含着对老子崇无的讽刺。

下文所讲的阴阳、仁义、性情、治乱、胜负，都是有。老子的道，不依赖于它们，而脱离它们。道所亲近的，只是这些有中之无：冲虚的气、大朴（即朴，称大朴，与大常一样，含有讽刺意味）、事物的交会处等。王夫之认为，老子贬低有而抬高无，是为了靠着无的作用，避开事物的坚实部分，亲近事物的薄弱部分（也是虚无部分），从而坐收实利。要做到这一点，只要不性急，稍加等待就行。因为老子说，有产生于无，并且要复归于无。把握住这个无，万物就会自动来归。

十二章

【原文】

五色令人目盲，五音令人耳聋，五味令人口爽，驰骋田猎令人心发狂，难得之货令人行妨。是以圣人为腹，不为目，故去彼取此。

目以机为机，腹以无机为机。机与机为应，无机者，机之所取容也。处乎目与腹之中者，心也。方且退心而就腹，而后可以观物，是故浊不可使有心，清不可使有迹。不以礼制欲，不以知辨志，待物自敝而天乃脱然。

【《老子衍》译文】

眼睛随着事物的机变，肚子把没有机变作为自己的机变。（眼睛的）机变和（事物的）机变互相适应，而那没有机变的肚子，却是容纳机变的（眼在上，腹在下）。处在眼睛和肚子中间的是心。如果说必须排除了心而听从肚子，才可以观察事物，那么，要人糊涂就不可使人有心，要人清静就不可使外物留下痕迹。不用礼来控制欲望，不用智慧来确定志向，眼睁睁地坐看事物自己毁坏，自然才能显出它的作用。

【解】

老子认为，感官对事物的反应使人产生了欲望，欲望导致了罪恶，损害了人的天性；要保全天性，只有根绝欲望；根绝欲望的前提，是不让感官接触事物。按王夫之的理解，老子说的"为腹，不为目"，就是说，要做肚子，不做眼睛。因为肚子不能听，不会看，从而不生欲望，保全天性；而眼睛能看，易受外物引诱，事物怎么变化，它就跟着变化。王夫之反驳说：眼睛不过看到什么就是什么（以事物的机变为机变），事物什么样子，它就产生什么印象。但是，肚子表面上不受事物的引诱，其实却藏满了各种机谋，并没有断绝欲望。而且人的眼睛就是要看，心就是要想。有眼不让看，有心不让想，就丧失了它们的天性。老子口口声声要保持事物的天性，实则却首先毁坏了眼、心等认识器官的天性。在王夫之看来，问题不在于使感官丧失作用从而根绝欲望，而在于用礼来约束欲望，用知识和智慧来辨明志向。

十三章

【原文】

宠辱若惊，贵大患若身。何谓"宠辱若惊"？宠为下，辱至则惊，去则洒然矣。宠至则惊，去之又惊，故较之尤劣。[1]得之若惊，失之若惊，是谓宠辱若惊。何谓"贵大患若身"？吾所以有大患者，为吾有身。及吾无身，吾有何患？故贵以身为天下者，可以寄天下；爱以身为天下者，可以托天下。

众人纳天下于身，至人外其身于天下①。夫不见纳天下者，有必至之忧患乎？宠至若惊，辱来若惊，则是纳天下者，纳惊以自滑也。大患在天下，纳而贵之与身等。夫身且为患，而贵患以为重累之身，是纳患以自梏也。唯无身者，以耳任

---

① 至人：疑为"圣人"，见第七章："圣人不以身犯难，是后之也；不以身入中，是外之也。"

耳，不为天下任听；以目任目，不为天下任视。吾之耳目静，而天下之视听不荧。惊患去己，而消于天下，是以为百姓履藉而不倾。

【《老子纂注》译文】

[1] 侮辱来了吓一跳，事情过去就轻松无事。宠爱来了吓一跳，失去宠爱又吓一跳。两相比较，受宠爱就更不是好事。

【《老子衍》译文】

众人把天下的重任担在自己肩上，圣人则置身于天下之外。君不见那些把天下责任担负到自己肩上的人，要招来不可避免的忧患吗？得到荣誉为之惊恐，遭到耻辱为之惊恐，这就是说那担负着天下责任的人，是弄来了惊恐难以自拔。大祸害存在于天下，却把它弄来并把它看得和生命一样宝贵。生命尚且是祸害，又弄来个祸害当宝贝，这就使那本来就是个沉重负担的生命显得加倍沉重，这是弄来祸害自造枷锁啊！只有那忘却自己存在的人，耳朵就让它是耳朵，不为天下担负听的任务；眼睛就让它是眼睛，不为天下担负看的任务。我的耳目清静了，天下可听可看的也迷惑不了我。惊恐和祸害离开了自己，而消失在天下。这样就是被百姓们践踏凌辱也不会倾覆。

【解】

王夫之在这一章勾画了一个生怕招来祸患，因而不肯为天下担负责任的得道者的形象。王夫之说，这样一来，自己是清静了，但祸害仍然存在，不过是存在于天下，让别人遭受罢了。然而这样一来，别人就会甘心忍受，自己就果然清静了吗？当然不是。最后一句"被百姓践踏凌辱也不会倾覆"，显然是讽刺。

十四章

【原文】

视之不见，名曰希；听之不闻，名曰夷；抟之不得，名曰微。固自有色声形之常名①，故曰三者。[1] 此三者，不可致诘，繇后则有，诘之则无。[2] 故混而为一。李约②曰：一尚不立，何况于三？[3] 其上不曒，未有色声形以前，不可分晰。[4] 其下不昧，逮有色声形以后，反而溯之，了然不昧。[5] 绳绳兮不可名，有无相禅相续，何有初终？名有则失无，名无则失有。[6] 复归于无物。

---

① 常名：即第一章说的"没有称谓"的名称。
② 李约：唐朝人，著有《道德真经新注》。

是谓无状之状，无物之象，是谓惚恍。迎之，不见其首；随之，不见其后。执古之道，以御今之有。古亦始也，今亦有也。李约曰：虚其心，道将自至，然后执之以御群有。[7]**能知古始，是谓道纪。**

物有间，人不知其间，故合之，背之，而物皆为患。道无间，人强分其间，故执之，别之，而道仅为名。以无间乘有间，终日游，而患与名去。患与名去，斯"无物①"矣。夫有物②者，或轻，或重，或光，或尘，或作，或止；是谓无纪。一名为阴，一名为阳，而冲气死。一名为仁，一名为义，而太和死。道也者，生于未阴未阳，而死于仁义者与？故离朱③不能察黑白之交，师旷④不能审宫商⑤之会，庆忌⑥不能攫空尘之隙，神禹⑦不能晰天地之分⑧。非至常⑨者，何足以与于斯！

【《老子纂注》译文】

[1] 道之中，本来包含着颜色、声音、形状的"常名"，所以

---

① 无物：这里指通行无碍，如"如入无人之境"的"无人"。
② 有物：与无物相对，指有碍。
③ 离朱：古代传说中目光锐利，能在百步以外明察秋毫的人。
④ 师旷：春秋时晋国乐师，善琴，目盲。
⑤ 宫商：宫与商均为古代音阶名。
⑥ 庆忌：春秋时吴国勇士，能徒步追上野兽，空手抓住飞鸟。
⑦ 神禹：即大禹，古代治水的英雄。他使洪水归入九条河流，把天下划分为九州。
⑧ 王夫之认为"天入地中"，天地无明显分界。
⑨ 至常：和大常一样，都是对老子之道的谥称。

说"此三者"。
[2] 从它们产生以后来看，是有；盘问它们的来源，却是个无。
[3] 李约说：一尚且不能确定，何况是三？
[4] 没有颜色、声音、形状以前，无法分辨清楚。
[5] 等到有了颜色、声音、形状以后，再追根溯源，就清楚明白。
[6] 有和无交替出现，接续不断，哪有什么开始和终结？说它是有就丢了无，说它是无又丢了有。
[7] 古，也就是始。今，也就是有。李约说：让心虚静，道自己就会来到，然后抓住它，用来驾驭那些具体事物。

【《老子衍》译文】

物有间隙，有人不知道物的间隙，所以或者把它合起来，或者把它分开，物都会成为祸害。道没有间隙，人们强把它分割开来，所以或者执持，或者是分别，道都仅剩下一个空名。使没有间隙的道凭借有间隙的物，整天运动，物也不会成为祸害，道也不会只是空名。祸害和空名消除了，这才是"无物"呢。那些"有物"的，或者轻率，或者持重，或者光明，或者昏暗，或者积极做事，或者不做事（都只能执持一个片面），这就是所说的坏了道的规矩。一旦叫作阴，或者叫作阳，冲虚之气就死了。一旦叫作仁，或者叫作义，太和就死了。

道这个东西，难道是产生在无阴无阳，而死在有仁有义的情况下吗？所以离朱不能辨出黑、白等具体颜色之外还有什么颜色，师旷听不出宫、商等具体音阶之间还有什么音阶，庆忌抓不住空虚和实有之间的孔隙，大禹也划不清天地的分界。若非那个"至常"，哪能做到这些！

【解】

这一章讨论道与物的关系。

老子认为道无形无象，混而为一，与具体事物根本不同，但又说要"执持"古代的道来支配当前的事物。王夫之说：混而为一就是没有间隙，没有间隙的东西怎么能"执持"呢？执持住这一部分，就必须丢掉另一部分，这就人为地把不可分割的东西分割了。道是不可分割的，所以老子执持的，并不是真正的道，而仅是一个空名。

依王夫之的意见，道是事物之道，道就存在于事物之中。只有使道凭借事物，才不会仅是个空名，事物也不会成为道的障碍。任何有才能的人（离朱、师旷、庆忌、大禹），都只能通过具体事物去掌握它们的道，而不能在具体事物之外掌握什么道。他还讽刺说，只有那个"至常"，才是具体事物之外的道。王夫之也反对那局限于具体事物，或者只知一些片面道理的"有物"者。因为局限于具体事物和片面道理，就会妨碍我们去认识道。

老子认为，冲虚的气产生了阴阳。又说，大道被废弃，才有了仁义。据此推论出，大道产生了阴阳之后，冲虚之气就会死亡。一旦有了仁义，大道之中那最高的和谐（"太和"）也就要死亡。为了能够保持那大道之中才存在的冲虚之气和最高的和谐，只有丢弃阴阳，否认仁义，这是王夫之所不能同意的。

王夫之认为，阴阳二气是固有的，不是由谁生出来的。道，就是这阴阳二气的对立、统一和相互作用。离开了阴阳，就没有道；离开了仁义，也没有最高的和谐。"道这个东西，难道是产生在没阴没阳，而死在有仁有义的情况下吗？"这就是对老子上述思想的否定。

十五章

【原 文】

古之善为士者，微妙玄通，深不可识。夫唯不可识，故强为之容：豫兮若冬涉川，犹兮若畏四邻，俨若客，吕吉甫曰：不为主也。[1]涣若冰将释，敦兮其若朴，旷兮其若谷，浑兮其若浊。孰能浊以澄？静之，徐清。孰能安以久？动之，徐生。保此道者不欲盈。夫唯不盈，故能敝，不新，成。邵若愚①曰：能敝，能不新，能成。[2]

择妙者众，龢微而妙者尟；求通者多，以玄为通者希。夫章甫不可以适越②，而我无入越之心，则妙不在冠不冠之中，而敢以冠尝试其身乎？而敢以不冠尝试其首乎？又恶知夫不敢尝试者之越不为我适也？坐以消之，则冰可燠，浊可清，以雨行而不假盖，以饥往而不裹粮。其徐俟之也，岂果有黄河之不可澄，马角之不可生哉？天下已如斯矣，而竞名者以折锐为功久矣，其弃故喜新而不能成也！

【《老子纂注》译文】

[1] 吕惠卿说：不做主人。
[2] 邵若愚说：能够陈旧，能够不新，就能成就。

【《老子衍》译文】

想达到神妙的人多，但神不知鬼不觉地去达到神妙的人却很少；要求精通的人多，但把暗昧作为精通的人却很少。卖帽子的不要到越国去，但我根本不想卖帽子，那妙处就不在帽子不帽子的问题。你敢把帽子戴在脚上吗？你敢头上不戴帽子吗？又怎么知道你不敢去的"越国"就不是我要去的地方呢？坐待事物的衰败消亡，冰

---

① 邵若愚：宋朝人，著有《道德真经直解》。
② 按：古人说，越国人"断发文身"，不戴帽子。

也可以热，浊也可以清，下雨走路也不用伞（因为天早晚会晴），饿着肚子出门也不带干粮（到达目的地以后会有饭吃的）。慢慢等着吧，难道黄河果真不可澄清，马儿果真不会长出犄角来吗？天下已经是这个样子了，那追名逐利的以挫败劲敌为功，由来已久了。他们抛弃旧的，喜欢新的，所以不会成功的。

【解】

老子说，古代善于作士的人，"微妙玄通"。按王夫之的理解，微妙，是由微而妙。而微，是悄悄，是不易察觉。玄通，即把玄作通。玄是昏暗不清，王夫之讽刺老子把愚蠢、糊涂当精通。

人人都会有个追求，比如追求神妙、精通。老子认为追求是错误的。王夫之打比喻说，这就好像到越国去卖帽子。到越国卖帽子显然错误，因为他追求的是不该追求、也追求不到的东西。事实上，人们不会到越国卖帽子。但在平素生活中，追求那不该追求，而且也追求不到的事物的人太多了，只是人们还认识不清罢了。

但老子追求的是无所追求，所以他敢于拿着帽子到越国去，因为他不是为了出卖帽子。就像在其他方面，都没有一个具体目的一样，他可以无不为，但其实是无为。

人的行为都有个常规：头上戴帽，身上穿衣，下雨打伞，出门带干粮。但道不同于物，老子也异于常人。别人做的，他不做；别人不做的，他偏做。比如别人不敢上越国卖帽子，他敢；别人不敢头上穿鞋，脚上戴帽，他敢。老子的追求，和别人不一样。

别人总是不断追求新的、抛弃旧的。老子认为，这不会成功。他呢，则总是保守旧的，他无所追求，安坐等待，新的总要变旧，所以一定成功。王夫之讽刺说："等着吧，总有一天黄河也会澄清，马儿也会长出犄角。"

十六章

【原文】

致虚极，开元《疏》云：致者令必自来，如《春秋》致师之致，是已。[1] **守静笃；万物并作，吾以观其复。夫物芸芸，各归其根。归根曰静**，非我静之。[2] **静曰复命；复命曰常**，不可复渝变。[3] **知常曰明。不知常妄作，凶；知常，容**。万变可函。[4] **容乃公**，不私据善。[5] **公乃王**，受物之往。[6] **王乃天，天乃道，道乃久，殁身不殆。**

最下击实，其次邀虚。最下取动，其次执静。两实之中，虚故自然；众动之极，静原自复。不邀不执，乃极乃笃。何以明其然也？万物并作，而芸芸者，势尽而反其所自来也。是故邓林①之叶，可无筹②而数；千里之雨，可无器而量。犹舍是而有作，其不谓之妄乎？故无所有事，而天下为我用，其道不用作而用观。观，目也。观而不作，目亦腹矣。

【《老子纂注》译文】

[1] 唐玄宗《道德真经疏》说：致，就是命令它必须自己到来，像《春秋》记载的"致师"的"致"，就是命令军队到来的意思。
[2] 不是我让它们静。
[3] 不能再变动了。
[4] 可以包含所有的变化。
[5] 不只是自己把持着善。
[6] 接受物的归附。

【《老子衍》译文】

最下等的，务实；好一点的，求虚。最下等的，主张动；好一点的，执着于静。两个实的中间，自然就存着虚；运动到了极点，本来就要复归于静。不追求也不执着，才能虚到极点，静得笃实。为什么要这么说呢？

---

① 邓林：中国古代神话说，夸父追日，死后，他的手杖化为树林，叫邓林。
② 筹：筹码，古代计数工具。

万物都在蓬勃生长，变化纷纭，到头来，它们来自哪里，还要复归哪里。所以邓林的叶子，不用筹码也可算得出来；千里的大雨，不用器皿也可测量。如果抛弃这个，还要有什么作为，那能不叫作胡来吗？所以不做什么事，天下就会听我使唤。这办法就是不去行动而只是观察。观察，用的是眼睛，只是观察而不行动，眼睛也就成了肚子了。

【解】

老子说，招致虚要虚到极点，坚持静要静得笃实。王夫之说，"招致"和"坚持"虚静，只是比务实、比主张动稍好一点罢了；只有不去招致，也不去执着，才能做到真正的虚静。这就是说，老子虚静得还不到家。为什么呢？因为老子说，事物变化纷纭，最后都要复归到它们的出发点，用不着对事物有什么作为。那又何必去招致、去坚持呢？假如真懂这个道理，不必故意追求虚静，天下就可听我支配。

不过，要做到这一点，其办法是不行动而只观察（因为老子主张无为，在本章中又说要"观察"事物的复归）。但只观察不行动，观察有什么用呢？眼睛又有什么用呢？眼睛不也和肚子一样了吗？

十七章

【原 文】

太上，不知有之；其次，亲之誉之；其次，畏之；其次，侮之。信不足，有不信，犹兮其贵言。于己不自信，乃不信天下之固然。且不知惩而尚言，是以召侮。[1] **功成，事遂，百姓皆谓我自然。**

据道于此，疑彼之亦道；据道于彼，疑此之非道。既从而异之，又从而同之，则道乱于二，而苦于一。且乱，且苦，其疑不去。既自以为疑矣，故王者见不亲而忧，霸者遇不畏而怖。其疑不释，遂救之以要言，故始乎诅盟，而终乎甲胄。夫使人忘我于自然者，岂其心有不自然哉？信天下之不能越是也，任其迁流，而不出于所自来，不爽于所自复，虚赘于天下之上，以待物之自成。是以天下之情，不可因，不可革；太上之治，无所通，无所塞。如老人之师，如尽人之力，而人乃废然而称之曰自然。

【《老子纂注》译文】

[1] 对于自己不能自信，就不会相信天下本来如此的情况，并且不知警惕而仍然发表意见，这就要招来侮辱。

【《老子衍》译文】

　　在这里据守着道，怀疑那里也是道；在那里据守着道，又怀疑这里不是道。一会儿认为它们相异，一会儿又认为它们相同。这样，道就被二扰乱了，又被一害苦了。又被扰乱，又被害苦，他的怀疑就去不掉了。自己既然有了怀疑，那么，行王道的见到不亲近自己的人就忧虑，行霸道的见到不怕他的人就畏惧。他们的怀疑消除不了，就只好用誓言来弥补。所以往往是从发誓结盟开始，而以刀兵相见告终。那想使人们忘掉他从而认为一切都是自然发生的人，是不是他心里有什么不自然呢？相信天下的事物都出不了这个范围，就听任它们自生自灭，它们逃不出所以来的地方，也不会弄错要复归的地方，于是自己徒然凌驾于一切事物之上，等待事物的自然成功。所以，天下的情形，不可因循，也不可改动，最高明的治理，不去疏通，也不去堵塞。像一群老头子组成的军队，像一个精疲力竭的人，于是人们都疲惫地说这就叫作自然。

【解】

　　老子说，道产生了一，道是浑然一体的。那么，这不仅是说道不可分割，而且是说道包容一切。但老子又常常指责别人非道。有人非道，这就是说，道不能包容一切，道与非道就对立为二。承认有非道存在，究竟谁是非道，必然引起争论，从而使是非混乱，黑白淆杂。如果承认大家都是道，但心里又不踏实，总觉得有人不是道，所以常常苦恼。既混乱又苦恼，难免用发誓、结盟、条约来补救，而其结果，往往是刀兵相见。这就是老子思想发展的必然逻辑。王夫之还揭露说，老子想使天下人忘掉他并认为一切都是自然发生，正说明他自己心里有不自然的地方。

自然，是一种什么状态呢？那就是，对以往的规矩，不遵循，也不改变。无论什么事情，不支持，也不反对。像个木雕泥塑，徒然占据着那统治的地位。

道和非道的关系，是一个深刻的哲学问题。老子认为道产生了万物，万物就应该都是道。那么，非道从何而来？承认非道存在，道就不能包容一切。就是说，承认道是一，就不能有不同于道的二。承认有二，道就不能是一。王夫之说，道被二扰乱，又被一害苦，就是揭露老子哲学的这个基本矛盾。

十八章

【原 文】

大道废，有仁义；智慧出，有大伪；六亲不和，有

孝慈；国家昏乱，有忠臣。 王介甫①曰：道隐于无形，名生于不足。李息斋②曰：道散则降而生非，伪胜则反而贵道。方其散，则见其似而忘其全，及其衰，则荡然无余而贵其似，此其所以每降而愈下也。[1]

梧桵成于匠，而木死于山；罂盎成于陶，而土死于邱。其器是也，而所以饮天地之和者去之也。夫土木且有以饮，而况于人乎？而况于道乎？故利在物而害在己，谓之不全；善在己而败在物，谓之不公。

【《老子纂注》译文】

[1] 王安石说：道隐藏在无形之中，仁义等名称产生于道的不足。李息斋说：道分散以后，就降低规格，产生了是非。虚伪占了上风，才反过来觉得道的宝贵。当道分散的时候，看见那和道相似的东西，就忘了道的全体；等到道衰亡了，道荡然无存，因而就贵重那和道相似的东西。这就是每下降一级，事情就愈加败坏。

【《老子衍》译文】

木匠制成了酒杯，山上的树就死了。陶匠制成了盆罐，小丘上的土就死了。对于器皿来说，这样做是适宜的。但那吸收天地和气的树和土却消失了。木和土尚且

---

① 王介甫：即王安石，字介甫，宋代大政治家，著有《老子注》。
② 李息斋：宋朝道士，著有《道德真经义解》。

要吸收些什么，何况于人呢？何况于道呢？所以，对事物有利而害了自己，叫作不能保全；自己捞取好处，任凭事物败坏，这就不是大公。

【解】

老子说，万物产生于道，又说大道废弃有了仁义。仁义是具体事物。这就是说，产生了具体事物之后，道自身就死亡了。王夫之说，就像酒杯、盆罐制成以后，树和土就死了一样。

老子认为，未经人加工的自然状态是最好的，充满了和气。树木和陶土是未经加工的，王夫之讽刺说，它们是"吸收天地和气的东西"。

土、木尚且吸收天地和气，人与道更是如此，应保持自己的和谐。

土木保持自己的和谐，就不要成为酒杯和陶器，人保持和谐，就要像无知无欲的婴儿，什么事也不要做。

人做事，对别人、对事物可能有好处。但费心劳神，伤了自身和气，就像土木成为器皿害了自身一样。

对事情有利，害了自己，这叫不能保全。王夫之也不赞成这样。但自己捞了好处，任凭事物败坏，就不是大公。《老子》十六章说：包容才能大公。大公，然后才能一步一步符合道。那么，如果连大公也做不到，还谈什么道！这就是王夫之此处批评老子不是大公的意义。

十九章

【原文】

绝圣弃智，民利百倍；绝仁弃义，民复孝慈；绝巧弃利，盗贼无有。此三者以为文，不足，吕吉甫曰：文而非质，不足而非全。[1]故令有所属；见素抱朴，少私寡欲。

"绵绵若存①"，其有所属乎？故鱼游而水乘之，鸟飞而空凭之。含天下之文②者，莫大乎素③；资天下之不足者，莫大乎朴。以为有，而固未亲乎用；以为无，而人与天之相亲者在此也。缀乎和以致生，是以能长生；离乎和以专用，是以无大用。

【《老子纂注》译文】

[1] 吕惠卿说：文，就是说它们不是质。不足，就是说它们不是道的全体。

---

① 指道。
② 文：花纹、色彩。此处泛指一切形式。
③ 素：未经染色的帛，其意义同"朴"。

【《老子衍》译文】

"绵绵不断地存在着",也要有个归属的吧?所以鱼儿游泳要依赖水,鸟儿飞翔要凭借空气。包容天下之"文"的,没有比"素"更大的了;供给天下全部需要的,没有比朴更大的了。说它们存在,又不亲自起作用;说它们不存在,但人们只能在这里才能找到天性。使文与素和谐以求生存,所以能长生;使具体需要和朴不和谐,各自发挥作用,就不会有什么作用。

【解】

在这一章里,老子要进一步抛弃圣智,抛弃仁义,抛弃一切机巧、便利,认为这样做了,才能使老百姓复归孝慈,没有盗贼,从而得到百倍的利益。但又认为这三条只是文,即形式、具体做法,所以是不够的。根本的办法,是让这些形式和做法有所归属。归属谁呢?老子的意思是归属于素和朴,对于人的处世来说,所谓素、朴,就是尽量减少欲望。

文和素(或文和质)、用和朴的关系,是一般和个别、内容和形式的关系。老子认为,一切具体的形式和作用都是由素、朴发生的,人要掌握每一具体情况下的合理行为方式,是困难的,所以只有抓住根本,根本就是素、朴。素、朴,也是道的同义语。

在老子看来,文和用是属于素、朴的,也就是说,一切事物都是属于道的。而道是独立自存，无所归属的。王夫之发问，那绵绵不断地存在着的道，也是有所归属的吧？就像鱼儿凭借水，鸟儿凭借空气一样，道，也应有所凭借。这就鲜明地把自己对道与物关系的理解，与老子对立起来。

素与朴，是一切形式（文）和具体事物（器）的共同基础。它们并不亲自起作用，但并不是不存在。老子的错误，在于只强调抓住这个根本的素、朴，而认为文和器，即那些具体的形式和事物是无用的，至少是用处不大的。主张人只有像天地那样，不做事，才符合道，才能长生。只要抓住这个朴，不论万物如何纷纭竞争，都将被我制服。而在王夫之看来，文与素、用与朴必须和谐，如果使它们互相脱离，什么用也不会有。

二十章

【原　文】

绝学无忧。唯之与阿，相去几何？善之与恶，相去何若？人之所畏，不可不畏。荒兮其未央哉！众人熙熙，如享太牢，如登春台；我独怕 葩亚切，无为也。[1]兮其未兆，如婴儿之未孩，乘乘兮无所归。众人皆有余，而我独若遗。我愚人之心也哉，忳忳兮！俗人昭昭，我独若昏；

俗人察察，我独闷闷。忽兮若晦，寂兮似无所止。众人皆有以，我独顽似鄙。我独异于人，而贵食母。苏子繇①曰：譬如婴儿，无所杂食，食于母而已。[2]

　　善恶相倾，繇学而起，故效仁者失智，效智者失仁。既争歧之，又强合之，方且以为免于忧，而孰知一彼一此者之相去不远也。则揖让亦唯②，而征伐亦阿③也。情各封之，取快一区，故饫于大牢④，不飨他味；厌于春游，不愿他观。口目之用一，而所善者万。心一，而口目之用万。安能役役以奔其趣舍哉？其唯食于母乎？食于母者，不得已而有食，而未尝有所不得已也。故荒未央者可尽，而顽鄙可居。虽然，其所食者虚也，因也。天下畏不仁，而我不敢暴；天下畏不智，而我不敢迷。以雪遁者，唯恐以迹；以棘行者，唯恐以胃。蟺蜿轻微，而后学可绝。学可绝，而后生不损，而物不伤。

【《老子纂注》译文】

[1] 怕，葩亚切。就是无为。

[2] 苏辙说：就像婴儿，不吃别的，只吃母亲的乳汁。

---

① 苏子繇：即苏辙，字子由，"繇"通"由"。宋朝文学家，著有《老子解》。
② 唯：应答声。
③ 阿：斥责声。古代"唯"与"阿"发音相近。
④ 太牢：古代祭祀时，牛、羊、豕三牲并用，叫太牢。此泛指高级食物。

【《老子衍》译文】

　　善恶互相倾轧，是由学习引起的。所以模仿仁爱的丢了智慧，模仿智慧的又丢了仁爱。既使它们纷争，又强使它们合拢。正当以为可以免于忧患的时候，却哪里知道彼此都差不多呢。所以敦睦修好也是"唯"，大动干戈也是"阿"。各人欲望不同，只能在一个方面得到满足。所以吃饱了太牢，就不愿吃别的了；春游十分快活，就不愿看其他东西了。嘴和眼的功能只有一样，它们喜欢的对象却千千万万。心只有一个，嘴眼的功能却千千万万。怎么能让它们像被人驱赶着一样趋向别人所喜欢的地方呢？（要想不被驱使，）大约只有去吃万物之母（指道）的乳汁吧。吃万物之母乳汁的人，是不得已才去吃的，却又不曾有什么不得已。长期不能停止的风气也可以停止，做个愚蠢而庸俗的人也欣然自得，安之若素。尽管如此，他所吃的是虚，是因循。天下都害怕不仁，我也不敢粗暴；天下都害怕愚昧，我也不敢糊涂。从雪地里逃跑的，唯恐留下痕迹；在荆棘堆里走路，总是怕被缠着、挂着。像游蛇一样屈曲盘旋，悄无声息，然后才可以抛弃知识和学问。抛弃了知识和学问，然后生命才不会受到损害，万物也不会有什么损伤。

【解】

老子说，抛弃知识、学问，然后才可免于忧患。所以王夫之说，善恶的互相倾轧，原来是由学习引起的了。

在第二章，老子举出许多对立，并且说，高和下互相倾轧。在这一章，老子又说善与恶就像唯与阿一样，差不了多少。所以王夫之说他是：既使对立双方纷争，又强使它们合拢。

老子说，众人都清楚明白，善恶分清，所以才有忧患；要消除忧患，只有糊涂。这就是说，善恶本来是分明对立的，只是我应该装糊涂罢了。但又说，善恶本来就是差别不大，那又何必抛弃知识、学问呢？所以王夫之说，正当他要抛弃知识，免于忧患的时候，谁又知道善恶彼此本来就相差不多呢！

老子说，众人都很快乐，都有自己的爱好和本领，并且自认为清楚明白。而他自己，对什么都混混沌沌，无动于衷。王夫之推衍老子的意思说：众人清楚明白，耳目心思就免不了受外物引诱。被具体事物引诱，就只能在一个具体方面得到满足。要想不被外物引诱，不被限制于一个方面，而能无不为，就只能无为。无为的前提是无知、无欲。无知、无欲，就是甘愿做个愚蠢而庸俗的人。

老子说，自己这样做，是吮吸万物之母的乳汁，即有道。王夫之说，所谓有道，不过是玄虚莫测，因循别人。玄虚、因循，又不过是随波逐流、投机钻隙罢了。学会这一套，就可以抛弃知识学问，使自己和万物互不损伤。也就是说，老子主张抛弃知识，不过是要主动学会到处逢迎，借以保全自己。

二十一章

【原 文】

孔德之容，唯道是从。道之为物，惟恍惟惚。惚兮，恍兮，其中有象；恍兮，惚兮，其中有物；窈兮，冥兮，其中有精；其精甚真，其中有信。自古及今，其名不去，以阅众甫。王辅嗣①曰：阅，自门而出者，一一而数之，言道如门，万物皆自此往也。[1]吾何以知众甫之然哉？以此。

两者相耦而有中。恍惚无耦，无耦无中。而恶知介乎耦则非左即右，而不得为中也？中者，入乎耦而含耦者也。虽有坚金，可锻而液，虽有积土，可漂而夷，然则金土不能保其性矣。既有温泉，亦有寒火②，然则水火不能守其真矣。不铣而坚于金，不厚而敦于土，不暄而炎于火，不润而寒于水者，谁耶？阅其变而不迁，知其然而不往，故真莫尚于无实，信莫大于不复，名莫永于彼此不易，而容莫美于万一不殊。私天之

---

① 王辅嗣：即王弼，字辅嗣，三国魏思想家，著有《老子注》。
② 晋代以后，传说在某个名叫"萧丘"的山上有"寒火"。

机,弃道之似,夫乃可字之曰"孔德"。

【《老子纂注》译文】

[1] 王弼说:阅,就是说对于从门里出来的,要一一查数。这说的是道像一个门,万物都从那里往外走。

【《老子衍》译文】

两个东西对立才有中。恍惚的东西没有对立,没有对立就没有中。但从哪里知道处于对立双方之间,不左就右,不能够作为中呢?中,它贯彻于对立双方之内,又包含着对立双方。金属虽然坚固,但能被烧成液体;土虽然总是成堆,却可被冲为平地。这样,金和土就不能保持它们的本性。既有温泉,也有寒火,水火也不能保持它们的真性。没有光泽,却比金属还要坚硬;没有厚度,却比黄土还要敦实;没有热,却能窜出火苗;不滋润,却比水还要寒冷。这是什么东西呢?眼看着事物变化,却不和事物一起迁流;知道事物的情形,却并不深入事物中间。所以最真的东西是没有实存,最大的信用是一去不回,最永恒的名字是彼此相同,最美丽的容貌是万人一面。私情猜度、任意玩弄天的转机,抛弃那占道相似的东西,这才可以把它叫作大德。

【解】

中，是王夫之极为重视的哲学概念。老子在这一章中说，道是一种恍恍惚惚的东西，又说这恍惚的东西，"其中有……"。所以，王夫之首先抓住了这"其中"的"中"。

王夫之以前，不少人把中解释为不偏不倚，不左不右，就像一个"川"字，两边是偏，是倚，中间一竖就是中。这样，不仅是一般人，就是许多哲学家也大多认为，中，就是对立双方之间的东西。王夫之说，不对。因为处于对立双方之间，就像"川"字中间一竖，和左边相比，它是右，和右边相比，它是左，并不是中。

但谈到中，又必须有对立，老子的道恍恍惚惚，没有对立。没有对立也没有中。老子说什么"其中有……"是自相矛盾。因这里的中是"其内"，有内就应有外，但道没有外，因而不该有内，不该有中。

王夫之认为：中，是贯彻于对立双方之内，又包含着对立双方。就像一个"川"字，中，必须包含全部"川"字在内。因为直到最后一笔写完，"川"字才算完成，残缺不全的事物无所谓中。

王夫之这个思想非常深刻。它告诉人们，正确的东西，不是与错误绝对对立、完全排斥的东西。如果那样，所谓正确，也只是一个片面，因此，也不正确，也是错误。在正确的东西中，包含着一切曲折、失误。所以，正确的东西，不在于它与错误的东西相对立，和错误的不一样，而在于它和客观实际相一致。假若它真的和客观实际相一致，就一定包含了许多曲折、错误的历程。

王夫之认为，中，本义是和谐。和谐，就是相符合，相适应。比如人的认识，行为符合客观实际，人就和客观实际和谐，这就是中。中的第二层意思，指事物的内在状态。某种性质，贯彻于事物内部，还未表现出来，和外相对立，这也是中。表现出来，就和外物和谐。中的第三层意思，是适应具体情况，不管是否偏倚。比如说，该悲哀的时候要哭，该高兴的时候要笑，虽然是偏，是倚，但也是中。在这两种情况下，人都不能不哭不笑或半哭半笑。

本章第二层意思讨论事物的真性。真性，就是事物的中。金，可以是坚硬的固体，也可以是流动的液体。金，就贯彻于这对立双方之中，它们都是金。同样，温泉也是水，寒火也是火，被冲为平地，也是土的真性。上述状态，也包含在水、火、土的真性之内，也是它们的中。但在老子看来，金、火、水、土这些具体物，一改变形态，就是失去自己的真性，偏离了中；只有道，最真实、最可靠，不硬、不厚、不热、不寒，却包括一切事物，具备金、土、水、火的一切性质，甚至还要强烈些。不过，由此却只能得出这样的结论：没有实存，才最真实；万人一面，才最美丽；等等。王夫之认为，这是老子主观猜度事物的真象，抛弃了那和道还多少相似的东西。老子自称得道，具有"大德"，不过如此罢了。

二十二章

【原文】

曲则全，枉则直；洼则盈，敝则新；少则得，多则惑。虽立对待，固尚往来。[1]是以圣人抱一，为天下式。不自见，故明；不自是，故彰；不自伐，故有功；不自矜，故长。夫唯不争，故天下莫能与之争。古之所谓曲则全者，岂虚言哉？诚全而归之。

事物之数，有来有往。迎其来，不如要其往；追其往，不如俟其来。而以心日察察于往来者，则非先时，而即后时。先既失后，后又失先，劳劳而愈不得。故小智日见其余，大智日见其不足。大道在中，如捕亡子而丧家珍，瞀然介马以驰，终日而不遇，则多之为惑久矣。一曰冲，冲曰常。守常，用冲，养曲为全，明于往来之大数也。

【《老子纂注》译文】

[1]虽然它们各自对立，本质上可以互相转化。

【《老子衍》译文】

事物的法则，有来就有往。迎接它的来，又觉得不如截住它的往；追踪它的往，又觉得不如等待它的来。天天用尽心思去察往知来，不是为时过早，就是为时过晚。过早丢掉了后头的，过晚又丢掉了前头的。忙忙碌碌，反而愈加无所成就。所以小聪明天天觉得智慧用不完，大智慧天天觉得智慧不够用。大道就在心中，却像追捕逃亡的儿子反而丢了家里的珍宝一样，糊里糊涂骑上马就跑（到外面追寻），结果是一天到晚什么也得不到。那个"多"使人糊涂迷惑已经为时很久了。一就是冲虚，冲虚就是常道。守住这个常，使用那个虚，滋养那个委曲，使之成为保全，这就明白了事物往来的主要法则。

【解】

不少人仅有一点小聪明，却自以为所知很多。在纷纭复杂的事物面前，只能穷于应付。老子抱一、守常、用虚、绝对无为，去应付天下的事变，以委曲求保全。王夫之的话，字面意思说老子明白事物往来的主要法则，实际是说，老子的做法大体上是正确的。在《老子衍自序》中，王夫之说："假使他们能像老子一样，猜度出事物的转机，从而等待事物的自然平复，事情可能会办得好一些。"基本精神与这里一致。

二十三章

【原　文】

希言自然。飘风不终朝,骤雨不终日。孰为此者?天地。天地尚不能久,而况于人乎?故从事于道者,道者同于道,德者同于德,失者同于失。同于道者,道亦乐得之;同于德者,德亦乐得之;同于失者,失亦乐得之。信不足,有不信。唯真知道,则一切皆信为自然。[1]

天地违其和,则能天,能地,而不能久。人违其和,则能得,能失,而不能同。邑于阳,郁于阴;邑于阴,郁于阳。言过则踣,乐极则悲。一心数变,寝寐自惊。不知广大一同,多所不信,坐失常道,何望自然哉?凡道皆道,凡德皆德,凡失皆失。道德乐游于同,久亦奚渝?喜怒不至,何风雨之愆乎?

【《老子纂注》译文】

[1] 只有真正懂得道,才会相信一切都是自然而然。

【《老子衍》译文】

天地违背和的原则,它能成其所谓天,或者成其所谓地,但是不能长久。人违背了和的原则,他可能有所得，也可能有所失，但不能同于道和德。在阳的一方如意，在阴的一方就失意。在阴的一方如意，在阳的一方就失意。话说过头要倒霉，乐到极点要生悲。人要是老改变主意，就会做恶梦自己吓自己。不懂得天下的一切都是同一的，对许多事都会信不过，从而白白地失去了那个常道，还怎么能够希望达到自然的境界呢？凡是称为道的，我都认为它是道（从而和它相同），凡是称为德的，我都认为它是德（从而和它相同），凡是失的，我都认为它是失。道和德都喜欢和自己相同的东西在一起，无论时间多久也不会发生变化。不喜也不怒，怎么会有暴风骤雨的过失？

【解】

老子说，暴风骤雨不能持久。暴风骤雨是天地产生的，这就是说天地不能持久。天地尚不能持久，人就更是如此。什么原因？老子没有说。王夫之据老子本意推衍说，这是因为它们违背了和的原则。暴风骤雨，是天地不和。喜怒哀乐，是人的不和。

人为什么有喜怒哀乐而不和？原因在于不知一切都是相同的，从而多所怀疑，这就无法达到自然的境界。要和，要自然，就要去掉怀疑。凡自称为道的，你就认为它是道，从而和它相同；凡自称为德的，你就认为它是德，从而和它相同。道、德永远和道、德在一起，无论时间多长，都不会像暴风骤雨那样，由此变彼，而不持久。不怀疑，就不会有喜怒。人不喜不怒，也不会有风雨那个不能持久的过失。

上面全是王夫之推衍老子的意思。但问题就在于，凡是称为道者都认为它是道，这是王夫之所不能同意的。不喜不怒，王夫之也难以赞成。所以最后两句，实际上是在推衍老子原意中带着嘲讽。

二十四章

【原文】

跂者不立，跨者不行；自见者不明，自是者不彰；自伐者无功，自矜者不长。其在道也，曰余食赘行。行、形通。[1] 物或恶之，故有道者不处。

心弥急者机弥失，是弥坚者非弥甚。前机已往，追而缀之，如食已饫而更设；后机未至，强而属之，如形已具而更骈。道数无穷，执偏执余以尽之，宜其憎乎物，而伤乎己也。

【《老子纂注》译文】

[1]"行"和"形"的意思相同。

【《老子衍》译文】

心越急，就越容易错过机会；越是坚持自己的意见，错得就可能越厉害。前面的机会已经逝去，还要把它追回来补上，就像已经吃得胀了却又摆上了饭；后面的机会还没有来，却硬要把它拉上来，就像肢体已经长成，却要让它再多长出一个。道的法则无穷无尽，固执一个片面就认为这是道的全部，难怪要被事物所憎恶，自己也受到伤害。

【解】

老子说，为了显得高而抬起脚跟，就站不稳，两步并作一步走，反而快不了。王夫之说，这都是因为性子太急，去追求那多余而不必要的东西。如老子所说，是吃饱了又添上的饭，已成的肢体又加上一个（指头）。

老子说：自以为是就判不清是非，自高自大就当不好官长等等。这些人一定要惹人讨厌，办不好事。有道的人不这样做。王夫之说，这是因为他们把自己的一点点小聪明、片面的长处当成了道的全部。

这一章，王夫之只是在推衍老子意思。

二十五章

【原文】

有物混成，先天地生。寂兮，寥兮，独立而不改，

周行而不殆，钟士季①曰：廓然无耦曰独立，古今常一曰不改，无所不在曰周行，所在皆通曰不殆。[1] **可以为天下母。**可以为者，天下推之而不歉也。非有心于天下。[2] **吾不知其名，**不可名，故不知。[3] **字之曰道，强为之名曰大。大曰逝，逝曰远，远曰反。故曰：道大，天大，地大，王亦大。域中有四大，而王居其一焉。人法地，地法天，天法道，道法自然。**

形象有间，道无间。道不择有，亦不择无，与之俱往。往而不息于往。故为逝，为远，与之俱往矣。往而不悖其来，与之俱来，则逝远之即反也。道既已如斯矣，法道者亦乘乘然而与之往来。而与之往来者，守常而天下自复，盖不忧其数而不给矣。"载营魄抱一而不离"，用此物也。近取之身，为艮背而不为机目；远取之天地，为大制而不为剺割。故可以为天下王。

【《老子纂注》译文】

[1] 钟会说：广大无边，没有东西能和它并列，叫独立。古今永远一样，叫不改。无所不在，叫周行。到处通达，叫不殆。

[2] "可以为"的意思是说，天下都拥戴它，它也不感到不安，它自己不是有意要做天下之母。

[3] 因为无法称谓，所以无名可知。

---

① 钟士季：即钟会，字士季，三国时魏人，著有《老子注》。

【《老子衍》译文】

有形有象的东西有间隙，道没有间隙。道不选择有，也不选择无，和它们一起行进。行进并且不停止。所以叫逝去，叫遥远，这是和它们一起去了。去并不妨碍它的来。和它们一起到来，那么逝去和遥远也就等于返回了。道既然如此，效法道的也忽忽悠悠地和它们一起往来。和它们一起往来者，是守住那个常，天下的事就会自己平复，而不必忧虑自己的办法不够用。"身体载着灵魂，要抱一而不分离"，用的就是这一点。近者效法修身，要作"艮背"而不作"机目"；远者效法天地，就是说要掌握大的原则而不条分缕析。所以可以做天下的王。

【解】

这一章主要讨论老子的清静、无为。

老子说道"独立而不改，周行而不殆"。按王夫之的理解，这是说道不依赖外物而古今如一，到处运动而没有障碍。所以无论什么地方，不论是有的领域还是无的领域，都有道的存在。所以说，道是无所选择。既然无所不在，那就无论多么辽远，道都存在，这就好像道和事物一起运动到非常遥远的地方。既然无所不在，辽远的地方有道，附近的地方也有道，远去和近留并行不悖，就好像道又和事物一起返回。这都是王夫之在推衍老子的意思。

和事物一起远去、一起返回的人，就是守住那个常道，等待事物自然平复。也就是说，坚持那个最基本的原则，不去过细苛察，也不太具体干涉，这样就可以做天下的王。

这里用了两个词："艮背"和"机目"。机目，就是第十二章所说的"眼睛随着事物的机变而机变"。看到什么就是什么，思想浅薄，往往一触即跳。老子不赞成这种人，王夫之也不赞成这种人，这叫作"不作机目"。

"艮背"一词。出于《易经·艮卦》："艮其背不获其身，行其庭不见其人，无咎。"《易传》解释说"艮"是"止"，即阻止，停止。"艮其背"，即停止在人的背上，也就是只看到事物的背，不见事物的面。不见面，就不会了解；不了解，就没有欲望。心里清静，没有欲望，就会趋向正道。

在《周易内传》中，王夫之详细发挥了对"艮背"的看法。他认为，艮，就是某种障碍，某种限制，这就好比在人和事物之间隔了一座山，你是你，我是我。人整天和事物打交道，而能这样视而不见，不被外物所引诱，意志也够坚强的了。但这种做法的好处，仅仅只是强行压制自己的感情和欲望，从而免于祸患而已。

王夫之继续说：事物既然存在，不可能视而不见；处于事物中间，不可能脱离事物。要想免于祸患，怕也不大可能。如果还要进一步，去做个道德上的模范，去建立不朽的功勋，用艮背这种办法，是根本不可能的。后世老庄的信徒，企图用逃避现实的方式去制止邪恶、避免祸患，这是君子所不取的。

二十六章

【原 文】

重为轻根，静为躁君。韩非①曰：制在己曰重，不离位曰静。吕吉甫曰：迫而后动，感而后应，不得已而后起，则重矣。无为焉，则静矣。[1]**是以圣人终日行，不离辎重；虽有荣观，燕处超然。奈何万乘之主而以身轻天下！轻则失根，躁则失君。**

有根则有茎，有君则有臣。虽然，无宁守其本乎？一息之顷，众动相乘，而不能不有所止。道不滞于所止，而因所止以观，则道之游于虚，而常无间者见矣。惟不须臾忍，而轻以往，则应在一而违在万，恩在一隅而怨在三隅，倒授天下以

---

① 韩非曾著《解老》《喻老》。

柄，而反制其身。故夏亡于牧宫①之造，周衰于征汉之舟②。以仁援天下而天下溺，以义济天下而天下陷。天下之大，荡之俄顷，而况吾身之内仅有之和乎？

【《老子纂注》译文】

[1] 韩非说：行动由自己掌握叫重，不离开自己的位置叫静。吕惠卿说：受到迫使才运动，感受到刺激才反应，不得已才采取措施，这就稳重了。无为，这就安静了。

【《老子衍》译文】

有根就有茎，有君就有臣。尽管如此，还是宁可守住根本。瞬息之间，就有许多动作互相交错，因而不能不有所停止。道并不滞留在这个停止之中，而是借着停止进行观察。这样，那道在虚中活动，既永恒又无间隙的性质就表现出来了。只有那不能暂时忍耐，就轻率行动的人，虽能应付一种情况，却要和千万种情况相抵触，恩德施在一面，却要招来另外三面的怨恨。这是倒过来

---

① 牧宫：传说是夏桀的宫殿，也叫鸣条宫，参看《孟子·万章上》。王夫之在《诗广传·小雅》中说，不是汤打败了桀，而是桀奢侈腐化，造了牧宫，自取灭亡。
② 征汉之舟：指昭王南巡之事。周昭王到南方游玩，渡汉水时，船工们恨他，给他坐了一条仅用胶粘的船，结果昭王淹死在江中。参见《史记·周本纪》和皇甫谧《帝王世纪》。

把刀把子给了天下人，反而束缚了自己。所以夏朝的灭亡是由于造了牧宫，周朝的衰败是因为昭王南巡。用仁来援助天下，天下就沉迷不悟，用义来拯救天下，天下就会破败。这么大的天下，顷刻就会灭亡，何况我自己仅有的这么一点和气呢？

【解】

老子说，轻和重相比，重是根本；静和动相比，静是君主。王夫之提醒说，不能只顾一面而忘了另一面。因为老子往往就是只顾一面。不过，两相比较，还是宁可抓住根本。

为什么要抓住根本呢？王夫之推衍老子意思说：每时每刻，都有许多运动纵横交错，无法事事应付得当。所以必须有所停止，忍耐一下，不必急于处理。否则，虽然可能应付了某些情况，但有可能造成更大的麻烦。这就是说，不能轻率，不能急躁。不过，老子也不是只到"停止""忍耐"就完了，而且还要借着停止进行观察。

一般人处事应该持重，君主就更应如此。所举的夏桀、周昭王，就是两个不持重、不自重的例子。

不轻率行动是对的，但老子的主张是根本不行动，最多只是观察。还主张抛弃圣智，抛弃仁义，认为圣智仁义是天下祸乱的根源。所以王夫之不无讥讽地说：用仁义去治理天下，天下就要沉迷以致灭亡。天下尚且这样容易败坏，我们自己当然更是如此。所以只能清静无为，否则就要丧失那仅有的一点

"和气"。

在与《老子衍》同时成书的《周易外传》中，王夫之认为，轻重、静躁（动）应轮流为君主。（见《周易外传·震》。）他反对孔甲（孔子后代）轻率地把陈胜当成新的受命天子而去投奔，成为天下笑料。（见《周易外传·随》。）他也反对鲁国那两个坚决不与刘邦合作的儒生，认为他们为了一点小道理而不识时务，不该蔑视这新的受命天子。（见《周易外传·随》。）晚年，王夫之在《读通鉴论》中，认为人处乱世，用持重守静，有一定效果。得意时，可以柔克刚；不得意，也可以避免祸患。（见《读通鉴论·晋惠帝》。）不过，这毕竟不是最正确的主张。而在《周易内传》中，他激烈反对"致虚守静"的思想，认为是一种苟且偷安的哲学。（见《周易内传·震》。）

二十七章

【原文】

善行，无辙迹；善言，无瑕谪；善行不蹑实，善言不执美。[1]善计，不用筹策；筹策①得小忘大。[2]善闭，无关楗而

---

① 筹策：古代用于计算的小竹棒。

不可开；吕吉甫曰：我则不辟，孰能开之？[3] 善结，无绳约而不可解。无系无离，如母之于子。[4] 是以圣人常善救人，故无弃人；常善救物，故无弃物。是谓袭明。故善人，不善人之师；不善人，善人之资。不贵其师，不爱其资，虽知，大迷，是为要妙。

我之有明，非明也，又况投明于物，絜其长短以为耀乎？故鸟窒于实，蚓困于空，鱼穷于陆。固其获，而未知不得者之可为得也。我欲胜之，勿往絜之。万物饰其形以相求，或逃其美以相激，咸潜测其根柢，掩而有之，则物投我而我不投物。众实来给，一虚无间，故善恶之意消，而言行闭结之所摄者，要妙不可窥矣。

【《老子纂注》译文】

[1] 善于走路的，脚不着地。善于言谈的，不用华丽辞藻。
[2] 用筹策，就会抓了小事而丢掉大事。
[3] 吕惠卿说：我自己不开，谁能将我打开。
[4] 不用绳子系住也分不开，就像母亲与儿子。

【《老子衍》译文】

我所具有的聪明，不是真正的聪明。又何况把这种聪明投射于物，比长量短，来进行炫耀呢？所以鸟在实的地方不能飞，蚯蚓在空的地方不好动，鱼在陆地上不能游。固守既得的东西，不知道那还未得到的也可以得到。我要战胜它，就不要去度量它。万物都把自己装饰起来互相追求，或者掩盖自己的长处而互相激起不满，我把他们的根底全都揣摩透了，把它们一下子兼容并包，这样，物就会投靠我而我却不必去笼络物。许多实的东西来了，这里是一个完全而无间断的空虚，分别善恶的愿望就自然打消了。而那兼具善于说话、善于行动、善于关闭、善于捆缚几种本领的人，他的奥妙真是令人难以知晓。

【解】

这一章主要是揭露老子善于投机取巧。

老子说：善于行动，不留辙迹；善于说话，无可指摘；善于计算，不用筹策；善于关闭，不用锁钥，却使人不能开；善于捆缚，不用绳索，却使人不能解。

王夫之推衍老子的意思说：一般人的聪明，并不是真聪明。因为他们自以为能分清是非，辨别善恶，从而决定弃取，但实际上他们都只能像鸟儿、鱼儿一样，得到这个，就不能得到那个。如果你想得到一切，就不要去分别什么是非、善恶，而是只用一个完全的空虚去网罗一切。老子的善于行动，善于算计等等，其奥妙就在这里。

老子在这一章中还有一些其他思想，王夫之在《衍》文中没有提到，在别处提到了。老子说，善于行动的人是不善于行动的人的老师，不善于行动的人是善于行动的人的凭借。在

《读四书大全说·论语·述而》篇，王夫之说，老子这些是狠毒话，是把别人的缺陷作为自己的有利条件，以便自己成功。老子说，圣人善于拯救人，所以不抛弃任何人；善于拯救物，所以不抛弃任何物。王夫之在《诗广传·大雅》中说，老子这些话和《诗经·洞酌》一诗，表面看来意思相似，但内心动机不同。君子不忍心抛弃人和物，所以善于使用他们，使他们向善，做出对天下百姓有益的事。而老子却是要把他们当作自己获得成功的凭借和垫脚石。把大家当成敌人的人，大家当然也恨他。有些人用老子这套办法想避免灾难，反而只能加深他的灾难。王夫之上述言论，可作为本章的注脚。

二十八章

【原文】

知其雄，守其雌，吕吉甫曰：和而不倡。[1] 为天下溪。为天下溪，常德不离，复归于婴儿。知其白，守其黑，为天下式。为天下式，常德不忒，复归于无极。无不极而无极。[2] 知其荣，守其辱，为天下谷。为天下谷，常德乃足，复归于朴。吕吉甫曰：守之以为母，知之以为子。[3] 朴散则为器，圣人用之则为官长，用其未散。[4] 故大制不割。

或雄或雌，或白或黑，或荣或辱，各有对待，不能相通，则我道盖几于穷，而我之有知有守亦不一矣。知者归清，守者归浊，两术剖分，各归其肖，游环中者可知已。然致意于知矣，而收功于守，则何也？宾清而主浊，以物极之必反，反者之可长主也。故婴儿可壮，壮不可稺；无极可有，有不可无；朴可琢，琢不可朴。然圣人非于可不可斤斤以辨之，环中以游，如霖雨之灌蚁封，如原燎之灼积莽，无首无尾，至实至虚。制定而清浊各归其墟，赫然大制而已矣。虽然，不得已而求其用，则雌也、黑也、辱也，执其权以老天下之器也。

【《老子纂注》译文】

[1] 吕惠卿说：附和，而不主动建议。
[2] 无所不极，就是无极。
[3] 吕惠卿说：把守的作为母，知的作为子。
[4] 要用它还没有散的状态。

【《老子衍》译文】

　　一会儿雄，一会儿雌；一会儿白，一会儿黑；一会儿荣，一会儿辱，各自对立，不能互相沟通，那么我的道也就差不多不中用了，而我所知道的和我所坚持的也不一样了。知道的，是那清高的一面；坚持的，是那污浊的一面。两种办法泾渭分明，各找各的同类，那得道者的底细也就可想而知了。不过，心思用在知上，成功却在守上，这是什么道理呢？对方清高，我方污浊，由于物极必反，那能够反过来的一面就可永远作主了。所以婴儿可壮大，壮大不会变成幼小。无到极点可变成有，有不会再回到无。朴可以雕琢，雕琢过的东西不能再变成朴。但是圣人不会在能不能上斤斤计较，一一分辨。他只是用道来应付一切，那就像倾盆大雨浇了蚂蚁冢，燎原烈火烧了干草堆，看不见头，看不见尾，实实在在，却又奥妙无穷。方针已定，清高和污浊都各自回到自己的地方，整个这一切，不过是一个堂皇明白的基本原则罢了。尽管如此，若万不得已，要求圣人之道必须具体发挥作用，那就是雌啊，黑啊，辱啊，掌握住这些权变方法来使天下的事物衰老疲敝。

【解】

老子崇尚虚无自然，不主张对事物进行认识和分别。但在这一章中却大讲雄与雌、白与黑的对立，所以王夫之说，只讲它们对立，如果不能沟通，那么，你的道不就不能无所不通了吗？道不就不中用了吗？

而且，你知道的，是一回事；你坚持的，又是一回事。心里想的是一套，手上做的又是一套。那么，这个得道者又是怎么回事，也就可想而知了。

深知这一方，却要在另一方取得成功，这又是为什么呢？

王夫之说，因为老子认为物极必反，一旦反过来，就再变不回去，因而那能够反过来的一面就可永远主宰。

能反过来的一面是哪些呢?那就是婴儿啊,无啊,朴啊,等等。它们可以反过来变为大人,变成有,变成器;但大人、有、器却不能再变成婴儿、无和朴。所以老子虽深知大人、有、器的一面,却又要用婴儿、无、朴这一面来取得成功,来永做天下的官长。

最后一段是说,老子表面似乎不斤斤计较,只是掌握一些大的原则,实际上他是在用雌啊、黑啊这一套手段,来使天下的事物衰老、灭亡。因为老子在第三十章说,事物壮大,就必然会衰老、灭亡,所以他才只做婴儿、做柔弱的雌者等,并认为这样才符合道。

二十九章

【原文】

将欲取天下而为之,吾见其不得已。天下,神器,_{天下虽器也,神①常流荡之。}[1]不可为也。为者败之,执者失之。故物或行,或随;或呴,或吹;或强,或羸;或载,或隳。_{皆神使之然。}[2]是以圣人去甚,去奢,去泰。

天下在我,吾何取?我在天下,吾何为?天下如我,吾何

---

① 神:指精神。

欲？我如天下，吾何执？以我测天下，天下神。以天下遇我，天下不神。不神者使其神，而天下乱。神者使其不神，而我安。故穷天下以八数，而去我之三死，则炎火焚林而可待其寒，巨浸滔天而可视其暵。水火失其威，金石丧其守，况有情之必穷，而有气之必缩者哉？

【《老子纂注》译文】

[1] 天下虽然也是一件器物，但神常在里面游荡。
[2] 都是神使它们成为这个样子。

【《老子衍》译文】

　　天下就在我的手里，我还有什么可夺取的？我就在天下之中，我还何必有什么作为？天下就是我，我还欲望什么？我就是天下，我还有什么可以执着？用我来测度天下，天下就神妙。让普天下都拥戴我，天下就不神妙。把不神妙的变成神妙，天下就乱。神妙的使它不神妙，我就能够安然。所以用前行、后随、轻嘘、急吹、强壮、瘦弱、小挫、全毁这八种状态穷尽了天下的一切情况，抛弃那可以置我于死地的极端、奢侈、过分这三种行为，那么，就是大火烧了森林，也可以等它冷却，洪水滔天，也可以坐视它慢慢干燥。水火都失去了他们的威风，金石也丢掉了它们的操守，何况那有生命的一定死亡，无生命的也必然要毁坏（为什么就不能等待）呢？

【解】

在本章中，老子说："将欲取天下而为之……执者失之。"《衍》文前四句，就是针对老子这话而发的。老子认为道产生了一切，那么一切就应都是道。据此推论，天下就是道，道就是天下，主体和对象是一个东西，还有什么欲、取、为、执的问题呢？在整个《老子衍》中，几乎一有机会，王夫之就要揭露老子在一般和个别问题上的混乱。

在本章中，老子还说："天下，神器。"就是说，天下是个神妙莫测的怪东西。王夫之推衍老子意思说，天下为什么神妙莫测呢？是因为我们主观地去猜度它。这样去治理天下，没有不失败的。但老子不是这样，他不去猜度天下，也不去治理或夺取，而只是自然无为，坐等事物的自然转化，那么天下就不会神妙莫测。

所谓"大火焚林""洪水滔天"，是脱胎于《庄子·逍遥游》，那里描写了藐姑射山上的神人，说他不屑于治理天下，什么也不放在心上。就是巨浪滔天，也淹不着他；旱得一片焦土，金石都热得化为液体，也热不着他。王夫之借此来讽刺老子的无为思想，说连这样的事情都可以等待它们自生自灭，何况必然要死亡的人，必然要毁坏的物呢！

老子在本章中，说事物"有的前行，有的后随……"，列举了八种，又说圣人要抛弃"极端""过分""奢侈"。所以王夫之讽刺他，用这八种情况就穷尽了天下的一切，抛弃这三种行为就可避免灭亡。

三十章

【原 文】

以道佐人主者，不以兵强天下。其事好还。师之所处，荆棘生焉；大兵之后，必有凶年。善者果而已，不敢以取强。果而勿矜，果而勿伐，果而勿骄，果而不得已，果而勿强。虽在必用兵之时，祸发必克，犹当以五者居心。[1] 物壮则老，是谓不道，不道早已。

最下用兵以杀，其上用兵以生。夫以生生者且赘，而况杀生乎？人未尝不生，而我何功？又况夫功之门为害之府也？人未尝不生，不能听其生；物未尝不杀，不能待其杀。须臾之不忍，而自命为果，不已诬乎？故善禁暴者，俟其消，不摧其息；善治情者，塞其息，不强其消；善贵生者，持其消息之间，不犯其消息之冲。虽有患，不至于早已。

【《老子纂注》译文】

[1] 虽然是在必须用兵的时候，战火一旦燃起必有死伤，还是应当记住这五条。

【《老子衍》译文】

　　最下等的用兵是为了杀人，上等的用兵是让人生存。让人生存的战争尚且多余，何况那为了杀人的呢？人们并不是活不下去，我有什么功劳可言？又何况功劳的门内就是祸害的窝呢？人们并不是活不下去，但不能听任他们随意生活。事物没有不衰亡的，但不能等待它们衰亡。一时的不能忍耐，就自命为果断，这不是胡说吗？所以善于禁止暴行的，等待它的消失，不在正增长时去摧毁它；善于修养感情的，是制止它的发生，不是强制使它消灭；善于爱护生命的，是把握住事物的生长和消亡，而不是不在它发展的势头上去触动它。这样虽然会有祸患，但不至于早死。

【解】

　　这一章主要是推衍老子无为自化的思想。

　　老子说，用道来辅助国君的人，不靠武力在天下逞强，并且认为战争必然要造成破坏。所以王夫之认为老子反对一切战争，不管是为了杀人的，还是为了求生存的。

　　本章中，老子有"善者果而已……果而勿矜，果而勿伐……"几句话。从《衍》文看，王夫之把"果"理解为处事果断，并认为老子赞成这个果断。果断就难以忍耐。王夫之认为老子赞成果断违背了他无为、等待的基本信条。

老子说，事物壮大了，必然衰老，这不合乎道，不合乎道，必然很快灭亡。王夫之推衍说，把这种思想用于禁暴，就是坐等暴行自消，实则是听任暴行泛滥。不在事物发展的势头上去触犯事物，归根到底，不过是要保全自己的性命罢了。

三十一章

【原　文】

夫佳兵者，不祥之器。物或恶之，故有道者不处。君子居则贵左，用兵则贵右。兵者不祥之器，非君子之器，不得已而用之，恬澹为上。胜而不美，而美之者，是乐杀人。夫乐杀人者，不可以得志于天下矣。吉事尚左，凶事尚右；偏将军处左，上将军处右。言居上势，则以凶礼处之。杀人众多，以悲哀泣之；战胜，以丧礼处之。

与其悲之于后，何如忘之于先？与其以凶礼居功，何如以吉道处无功之地？不能先机，不能择吉，不能因间以有余，所谓"彼恶知礼意"者也。

【《老子衍》译文】

与其事后悲伤，何如事前忘却（不做）？与其以凶事的礼节来立功自居，何如以对待吉事的办法处在无功的地位？事前不能把握事物的转机，不能选择吉事去做，不能借助物的间隙而行动自如，这就是"他哪里知道什么是礼意"的那种人。

【解】

老子认为战争是件坏事，即使打了胜仗，也不该庆祝，而应该以对待丧事的礼节来对待胜利，悲哀哭泣。王夫之说，与其事后悲伤，何如事前就不要干这种凶事，而选个吉事来做呢？

"他哪里知道什么是礼意"，语出《庄子·大宗师》："彼恶知礼意。"那里说，子桑户、孟子反、子琴张三个为好朋友，他们超脱一切，认为生死都一样。后来子桑户死了，孔子派子贡去吊丧，却见到另两个在弹琴唱歌。子贡责问他们："人死了，你们却在唱歌，合乎礼吗？"这两个则反唇相讥："你知道什么是礼意？"王夫之又借此反讥老子，一来说明老子并未超脱，因为他主张以丧礼来对待战争，二来因为老子常常攻击以礼治国，认为那只能导致祸乱。王夫之借庄子的话说明不知礼的不是别人，正是老子。不知礼而攻击以礼治国，其理论当然不足凭信。

三十二章

【原 文】

道，常，无名。王辅嗣曰：道无形不系，常不可名。[1]朴虽小，天下不敢臣。侯王若能守，万物将自宾。天地相合以降甘露，人莫之令而自均。始制有名，名亦既有，夫亦将知止，知止所以不殆。譬道之在天下，犹川谷之于江海。川谷能成江海，江海不能反川谷。道散而为天下，天下不能反而为道。[2]

因于大始者无名，止于已然者有名。然既有名而能止之，则前名成而后名犹不立，过此以往，仍可为大始。天地，质也；甘露，冲也。升于地而地不居功，降自天而天不终有。是既止以后之自然，且莫令而自均。后天之冲，合于先天，况夫未始有夫有止者乎？

【《老子纂注》译文】

[1] 王弼说：道没有形象，无所系属，永恒，不可称谓。
[2] 川谷能造成江海，江海的水不能再返回川谷。道分散而成为天下，天下不能再反过来成为道。

【《老子衍》译文】

保持太始状态的东西没有名称，那停止在已经如此上面的东西有名称。但既然有名而能停止下来，那么，前面的名字已经成就而后面的名字还没有建立，从此以后，仍然可以看作太始。天地，是有形质的东西。甘露，是天地相互感应而生成的东西。它从地上升起来而地不居功，它从天上降下来但天也不会永远占有它。这是已经停止以后的自然，并且不靠谁的命令，自己就分布得很均匀。后天由于感应而产生的东西，是由于先天的交合，何况本来就没有什么停止的东西呢？

【解】

老子认为，道没有名称，它是产生天地万物的总根源。产生出来的东西就有了名称，老子说，这时要适可而止，才能避免危险。

王夫之认为，即如老子所谈，道，作为产生万物的最初依据，可以说是太始，即最早的开始。此时没有名称，可它产生的东西有名称。但这产生出来的东西是否还要产生东西呢？在王夫之看来，这是不可避免的。因为老子也承认，甘露的产生，是由于天地的交合，而天地本身就是道所"产生的东西"。

那么，什么叫"太始"？在老子看来，太始是道，因为它无名，并且产生一切，称它为"道"，只是"强为之名"。但王夫之说，在已经生成的东西之后，还有将要生成而未生成的东西。现在这已经生成的状态，对于那将要生成而尚无名称的东西来说，也是一个"太始"。这样，有名的东西也可以是太始。按老子的思想逻辑发展下去，终于导致与他最初命题的矛盾：太始并非无名。

最后一句"本来就没有什么停止的东西"，原文为"未始有夫有止者"，脱胎于《庄子·齐物论》："有未始有夫未始有始也者……有未始有夫未始有无也者……"王夫之借此来表达自己的思想，认为万物生生不息，老子要求适可而止，是不可能"止"的。

三十三章

【原文】

知人者智，自知者明；胜人者有力，自胜者强；知足者富，强行者有志；不失其所者久，死而不亡者寿。
富者不必有志，有志者不能乎富。久者有极，寿者无终。[1]

以气辅气，以精辅精，自谓不失其所，而终归于敝。岂但单豹之丧外，张毅之丧内①哉？盖智揣力持以奔其志，有所而不能因自然之所于无所失也。夫见其精气之非有余，可谓之死；而其中之婉如处女、萦如流云者，微妙玄通者②，未尝亡也。非真用其微明，以屈伸于冲和之至，若抱而不离者，何足以与于斯哉？故有虞氏之法久，而泰氏之道寿③；中士之算长，而有道者之生无极。言此者，以纪重玄之绩也。

【《老子纂注》译文】

[1] 富人不必要有志，有志者不能够富。长久者有尽头，长寿者没有尽头。

【《老子衍》译文】

　　用气来辅助气，用精来辅助精，自认为"不失其

---

① 《庄子·达生》篇说：鲁国有个人叫单豹，善于养生，住在山里，七十岁了还面色红润，像个婴儿，后来被饿虎吃掉了。又有个人叫张毅，到处挖门子，找靠山，劳心过度，得"内热"病死了。单豹死于外部原因，所以说是"丧外"；张毅死于内部原因，叫"丧内"。

② 指道，或气中之理。王夫之认为，气聚为人时，气中之理就成为人的神，即精神。精神看不见，却到处通达。因《庄子·逍遥游》说藐姑射山的神人像处女，所以王夫之加了"像处女一样温柔"来形容精神，稍含对老子揶揄之意。

③ 《庄子·应帝王》说，有虞氏不如泰氏。有虞氏指虞舜，舜只知行仁义，不能超脱。泰氏睡觉是慢慢的，起床是迟迟的。别人说他是牛就是牛，说他是马就是马，全不在乎，非常超脱。

所"，但到底要败坏。岂但是单豹的"丧外"和张毅的"丧内"呢？这都是因为他们磨砺智慧，拼着力气，去实现自己的追求。虽然有自己的处世之道，但不能把顺应自然作为处世之道以保证不会失败。看到人的精气没有什么留下，可以叫作死，但其中那像处女一样温柔、像流云一样萦绕，微妙莫见，到处通达的东西却并没有消失呢。如果不是真的运用自己那深沉的聪明，或生或死，都能使行动达到最高的和谐，像那些"抱而不离"的人，有什么资格来谈论这个问题呢？所以有虞氏的法只能久存，泰氏的道却可以不朽。中士的计划不过是长远一些，但有道的人的生命是无限的。说这些话，用来记下那"玄之又玄"的东西的功绩吧。

【解】

这一章从人的处世、养生，讲到了哲学的根本问题：物质和精神的关系。

老子列举了几种人：有人会识别人，这叫作"智"；有人能清醒地认识自己，这叫作"明"；有的能战胜别人，这叫"有力"；等等。但归结起来，不外两个方面：精神的和物质的。人们往往各自发展一个方面，作为安身立命之本、待人处世之道，也就是所说的"各得其所"。老子瞧不起这些人，因为他们不能因任自然，所以也不能长寿。只有道，是永远不朽的。人死了，但道仍然存在。

王夫之说，片面的追求，像单豹、张毅那种人，当然不可取。但是，若从精神（精）、物质（气）这两个方面来说，就不单是单豹、张毅而已。只重视一面而忽视另一面，还大有人在，其中包括老子。

老子认为道和物全然不同，所以他主张"抱而不离"。而道是脱离事物，脱离物质的，当然也不依赖人的肉体，是个独立自存的东西。抱而不离，当然也是一个片面性。原因何在呢？就是老子没有正确解决道与气、精神与物质的关系，也就是精与气的关系。

老子看到人死气散，精也不存在，似乎一无所有，只有他那个道是永恒的、不朽的。而在王夫之看来，在人死消散的气里，还有那像处女一样温柔，像流云一样萦绕，非常玄妙，而又四通八达的东西，这就是气中之"理"，和道同类的东西。主张"抱一不离"的老子，并不理解这往来屈伸的道理。

所谓"往来屈伸"，就是张载《正蒙》提出，又经王夫之阐发的理论。这种理论认为，一切事物都是气的凝聚，人也是一样。人的生，是气的凝聚；人的死，是气的消散。那么，人的精神从何而来呢？来自气中有的理。

理是气固有的东西，当气聚为人时，理同时就成为人的精神。人死气散，精神，这气中之理所凝聚成的东西，也随气消散。因为，人们通常所说的灵魂或鬼是不复存在的，就像人的肉体也逐步腐烂，不复存在一样。但是，肉体不存在，气并未消失，它只是散了。相对于它的晚到来，即"伸"，可说现在是"往",是"屈",但不是消灭。同样,气中之理也没有消灭,它们将重新凝聚为一个新的人,新的精神。这就是所谓"往来屈伸"的道理。

因此,并不是只有老子的道才永垂不朽,而是任何人的一切,从精神到肉体,都没有消灭。王夫之甚至认为,人一生的作为,也都会以理的形式附着在组成人体的气上,当人死气散,他原来的气和别人的气重新组合时,他生前的作为也就部分地传留给别人。所以,虞舜行仁义,仁义将和虞舜的气共存。虞舜的气参与了谁的形成,虞舜的仁义也将部分地传留在谁的身上,并非只有泰氏的道才永存不朽。

三十四章

【原 文】

大道汜兮,其可左右。万物恃之以生而不辞,功成不名有。爱养万物而不为主,常无欲,可名于小。万物归焉而不知主,可名于大。是以圣人终不为大,可名而不为曰终不为。[1]故能成其大。

谁能以生恩天地乎?则谁能以死怨天地?天地者,与物为往来而聊以自寿也。天地且然,而况于道?荒荒乎其未有畔也,脉脉乎其有以通也,故东西无方,功名无系,宾主无适,己生贵而物生不逆。诚然，则不见可欲，非以窒欲也，迭与为主，非以辞主也。彼亟欲成其大者，恶足以知之？

【《老子纂注》译文】

[1] 可以获得名称，但不追求这个名称，叫"终不为"。

【《老子衍》译文】

谁能因为自己的出生而感恩天地呢？谁又能因为自己的死去抱怨天地呢？天地，伴随着事物的生生死死，并姑且以此作为自己无限的生命。天地尚且如此，何况那个道呢？（道）广大啊！它没有边际呢。深沉啊！它贯通一切呢。东西南北不固定，功名利禄拴不住，为主为客都可以，它爱护自己，但并不和别物作对。果然能够如此，那么不把诱人的东西展示出来，并不是要压抑欲望；轮流作主，并不是要逃避作主的责任。那些急于要成为伟大人物的人，怎能知道这些道理？

【解】

天地使万物生，使万物死，并不是施恩，也不是报仇。谁也不会因此而回报天地。至于道，更是如此。这一点，王夫之完全同意。

但老子认为：道生了万物，却不作万物的主。这样，万物归附它，并且不知道它就是主，道就会伟大。圣人也是如此，不要求成为伟大人物，所以才能成为伟大人物。王夫之反对这种思想。

王夫之说，道广大无边，贯通一切，到处存在，不为功名，可作宾，也可作主，并没有一己的追求，也不是故意压制欲望，该作主的时候就作主，并不逃避自己的责任。在王夫之看来，这才是真正的道。

但老子故意不去作主，这是压制欲望。故意压制，就说明他有欲望。他的欲望，就是急着要成就自己的伟大。这一点，是王夫之所鄙弃的。

在本章中，老子说大道像泛滥的河水左右周流。在《老子衍自序》中，王夫之就指出，这是老子基本思想之一。这一章，王夫之主要在揭露老子的自相矛盾：既然左右周流，就是到处存在，那为什么不能作主，而只能作客、作小呢？《老子衍》以后，王夫之不断批判这"大道像泛滥河水"论。在《尚书引义·舜典》中，王夫之说，人应该行为端正。但大道像泛滥河水论，就是说不端正也是道。所以他认为，老子此论，是邪门歪道。在他晚年写成的《读通鉴论·汉文帝》中，他说，老子主张"大道如泛滥河水"，就是主张任意妄为。

三十五章

【原 文】

执大象，天下往。往而不害，吕吉甫曰：虽相忘于道术，而未尝相离。[1]安平泰。乐与饵，过客止。道之出口，淡乎其无味，视之不足见，听之不足闻，用之不可既。

蛇之制在项，人之制在限。系其项，则废其蛰；"艮其限"，则"列其夤"矣。其象甚微，制之甚大。故清虚者物之凑，而重浊者物之司也。不弃其司，不奔其凑，于空得实，于实得空，扼其重浊，以致其清虚。尝试谂之：乐作饵熟，则虽有遄行之客，而游情以止，非以其归于情耶？所谓"常有欲以观其徼"也。然项之与限，非有情者也。无情者不可强纳有情以为之主，则冲淡晦寂而用无方，斯亦无欲之至矣。始乎重浊，反乎清虚；得乎清虚，顺乎重浊。有欲无欲，而常者未有变焉。斯执大象者之所独得与？

【《老子纂注》译文】

[1] 吕惠卿说：虽然因为学术不同而互相遗忘，但还是不曾分开（因为都归属于道）。

【《老子衍》译文】

蛇的要害在脖子，人的要害在腰。扼住蛇的脖子，蛇就不能咬人；扼住人的腰，人也就不能动弹。这些东西形象很小，但作用很大。所以，清虚的东西是物的统领，重浊的东西是物的主管。不抛弃这个主管，也不投奔那个统领，在空的地方可以得到实，在实的地方可以得到空，掌握住那重浊的东西，去求得那清虚的东西。认真想一想吧，当奏起音乐，备好酒食的时候，就是急于赶路的旅客，也会打消旅游的情趣，不就是因为音乐、酒食调动了人的情感吗？这就是所说的"在有欲的情况下，来认识事物的边际"啊。但脖子和腰，都不是有情的东西。无情的东西不能强行接纳有情的东西来做自己的主宰，那么它们冲虚、淡漠、玄暗、寂静而用处却没有一定，这也就达到没有欲望的顶点了。从重浊开始，返回到清虚。得到了清虚，又随顺着重浊。有欲也好，无欲也好，那永恒的道是不会变的。这就是那得道的人所独自得到的东西吗？

【解】

老子一向主张抱一不离，而道是无思无欲的。在本章中，老子说，只要掌握这个道，就可以走遍天下。但又说，音乐和美食，可以使过路的旅客停下脚步。王夫之的《衍》文，主要是针对老子这个思想。

　　王夫之说：蛇的脖子、人的腰，都是要害部位。扼制住这个要害，就会消除它们那本来具有的作用。这就像音乐、美食可使旅客打消赶路的念头一样。这说明什么呢？说明那重浊的东西（物质性的）也能支配那清虚的东西（如人的感情、思想），并非只有道才能支配一切。而且，那脖子和腰，也是无情之物，就这一点说，它们和道一样，也是个虚静、淡漠、没有欲望的东西。老子一面对道推崇备至，企图用道支配一切；一面又要用物质性的东西去支配人的思想感情。这是理论上的自相矛盾，还是别有用意呢？《衍》文最后一句，显然是对老子的讽刺。

三十六章

【原文】

　　将欲歙之，必固张之；将欲弱之，必固强之；将欲废之，必固兴之；将欲夺之，必固与之。固者，表里坚定，终始不异。[1] 是谓微明。王元泽①曰：鬼神之幽将不能窥，而况于

---

① 王元泽：即王雱，字元泽，宋朝人，王安石之子，著有《老子注》。

人?[2]**柔胜刚，弱胜强。鱼不可脱于深渊，邦之利器不可以示人。**李息斋曰：此圣人制心夺情之道。[3]

函道可以自适，抱道可以自存，其如鱼之自遂于渊乎？有倚有名，唯恐不示人，则道滞而天下测其穷。无门无毒，物望我于此而已。不以此应之，则天下其无如我何矣。无如我何，而天下奚往？是故天下死于道，而道常生天下，用此器也。

【《老子纂注》译文】

[1] 固，就是表里坚定，始终不变。
[2] 王雱说：处于幽暗中的鬼神尚且不能窥探我的用意，何况于人呢？
[3] 李息斋说：这是圣人控制自己意愿，压制自己感情的方法。

【《老子衍》译文】

函容着道可以逍遥自在，抱持着道就会不受伤害，这就像鱼在水中那样自由吗？然而有了依赖也就有了名称，又只怕人家不知道从而出示给人看。这样，道就行不通，而天下人都可测知它的弱点。若我不露声色，使外界无法测度，也就不会受到伤害，大家也就只能希望我如此罢了。都希望我如此，我则偏不如此，普天下就对我无可奈何了。无可奈何，那普天下都投靠谁呢？所以普天下都要被这不可让人知晓的道毁灭了，而道呢，却不断地产生着天下，用的就是这个所谓的"锋利工具"。

【解】

这一章，反对老子处事不光明正大。

老子说，国家的"锋利工具"不能拿给人看，就像鱼儿不能离水一样。这"锋利工具"就是道。王夫之由此推论道不拿给人看，函容着，抱持着，一定像鱼儿在水，逍遥自在，不受伤害了。这就是《衍》文最初几句。如果反其道而行之，唯恐不给人看，那我的道就行不通。因为别人知道了我的根底，就会设法对付我。如果我不露声色，别人就不知深浅，也就对我无可奈何。

但是，使人莫测，固然是无法对付，但也正因为奥妙莫测，天下人也不会投靠我。上一章老子说，掌握了道，天下人都将向我投靠，岂不要落空？天下不投靠这有道的人，岂不是天下要失去道？天下无道，岂不要败坏？道本来是为了拯救天下，但由于不给人看，却反而败坏了天下。而老子呢，却不断用道产生着天下，但生出以后却不管它们，这是一种什么道啊！

三十七章

【原文】

道,常,无为,而无不为。侯王若能守,万物将自化。化而欲作,吾将镇之以无名之朴。无名之朴,亦将不欲。不欲以静,天下将自正。化者归徼,正者归妙。[1]

藏朴者,终古而有器之用;见朴者,用极于器而止矣。故无名与有名为侣,而非能无也。畏其用而与有名为侣,故并去其欲。婴城以守国者,不邀折冲之功;闭阁以守身者,不为感悦之拒。知物之本正,而不敢正之以化也。其为道也,测之于重玄而反浅,阐之于妙门而反深。以为无用,而有用居然矣;以为有用,而无用居然矣。终自散而未始不盈,微息通而蠕然似有。两垒立而善守其间,两端驰而善俟其反,则朴又何足言,而玄又何足以尽之哉?

【《老子纂注》译文】

[1] 化,属于有边际一类;正,属于奥妙一类。

【《老子衍》译文】

把朴藏起来,永远都有器物可用;把朴表现出来,充其量把朴当作一件器物罢了。所以无名的朴和有名的器是连在一起的，但谁也不能没有谁。害怕用了朴就使它也成了有名称的器物，干脆就打消用它的愿望。据城固守的，不追求斩将夺旗的功劳；深闺不出以保持贞节的，不会有拒绝偷情的事。知道事物本来端正，也不敢施以教化去端正人家。这样的道啊，故弄玄虚让人猜度反而浅薄，打开那全部奥妙的大门反而深刻。以为它无用，而有用却正寓于其中；以为它有用，无用却正寓于其中。它终日消散却不曾不满，它气息微弱像游丝一样存在着。双方森严对立，它善于处身在双方之间，两端分驰，它善于等待二者返回。（假如能够这样，）那朴又有什么可以称道，玄又怎么能够穷尽这些道理呢？

【解】

这一章，通过朴，讨论了一般和个别的关系。见于行动，就是老子的"无为无不为"的问题。

老子说，他要用朴来镇服万物。朴是未经加工的木材，未经加工的木材不能用。正因为它无用，所以可加工成各种器物，用于各种场合。已经加工的木材有用。正因为它有用，所以用于此就不能用于彼。老子要用朴去镇服万物，这就把朴当作了一件器物，因而也就没有朴了。所以王夫之说，还是把朴藏起来，这样才永远有器物可用。他还指出，有名的器和无名的朴是连在一起的，谁也离不开谁。这是王夫之对一般和个别关系的看法，这个看法是深刻的。

但是害怕用朴而仅仅把它藏起来也不是办法，就像据城固守和深闺不出一样，虽然可以自我保全，但毕竟对人无益。老子一面说要用朴镇服万物，一面又怕用了朴反而会失去朴，于是就干脆打消用的愿望，让天下自己安定。还说什么他那里深暗难测，藏着无穷的奥妙。王夫之说，这不过是故弄玄虚罢了，实则非常浅薄。

后边几句，是王夫之在阐发自己思想。在他看来，道这个东西，说它没用，却又有用，说它有用，却又没用。人们天天用它，但它并不因此减少而不圆满。它存在着，却又使人难以觉察。它善于处理对立面的关系，也善于等待那走极端的东西自然返回。老子把朴，也就是道，藏起来不用，又有什么可以称道？所谓不用才能无所不用，无为才能无所不为，也不过是幻想而已。老子说什么玄之又玄，里头奥妙无穷，不过是说不清这些道理罢了。

三十八章

【原　文】

上德不德，是以有德；下德不失德，是以无德。上德无为而无以为，下德为之而有以为。为之于无曰无以为，为之于有曰有以为。[1] 上仁为之而无以为；上义为之而有以为；上礼为之而莫之应，则攘臂而仍之。故失道而后德，失德而后仁，失仁而后义，失义而后礼。夫礼者，忠信之薄，而乱之首也。前识者，明非在内，取前境而生，谓之前识。[2] 道之华，而愚之始也。是以大丈夫处其厚，不处其薄，锐而捷得名者为薄，退而养众始者为厚。[3] 居其实，不居其华。故去彼取此。

虎豹之行，进而前，则不能顾其却。新木之植，盛其华，则不能固其根。然不能无所前矣。无已，其以朴者前乎？前者犯难，却者观变。以犯难者，敦重而不惊；以观变者，因势而徐辨。故不以识之锐抵天下之巇。何也？以失之乐取夫美名而暱之，以背众美之涵也。是德、仁、义、礼之可名而不常者也。故出而逾华，反而逾薄。唯先戒其前者，为能不德而德，无为以为。严君平①云：至至而一不存。岂不存哉？诚无以存之。

【《老子纂注》译文】

[1] 从事的是无，叫"无以为"；从事的是有，叫"有以为"。
[2] 智慧不在自己心里，而只是根据以前的情况来推断，叫"前识"。
[3] 出风头而很快获得名誉叫轻薄，退让而修养那个"万物

---

① 尹君平：名遵，汉代人，著有《老子指归》等。

之始"叫厚重。

【《老子衍》译文】

虎豹的行为，奋勇向前，就顾不到后退。新树栽下去，枝叶繁茂，就顾不到长根。但总不能不前进啊！不得已，就让那个朴去前进吧。前进要冒风险，后退可观察事变。用来冒风险的，要敦厚持重而不惊慌；用来观察事变的，可根据情况慢慢辨别。所以他不用自己善于预见的聪明才智去触犯天下的艰险。为什么呢？因为那样做的失策处在于喜欢猎取美名，从而脱离了那包含一切美名的东西。这就是那德、仁、义、礼可以有名，但不能永恒的原因。所以越是显得华美，反而越加浅薄。只有时刻警惕着不要前进，才能做到不表现出德反而有德，不行动反而效果卓著。严君平说：到了顶点就什么也不存在。难道是它不愿存在吗？实在是它无法存在。

【解】

老子主张，不表现出德行，反而有德。仁、义、礼等，都是表现出来的德行，所以失掉了真正的德行。这种主张的根据，仍是"无为而无不为"。王夫之认为，这种主张，实际上就是要人根本不要前进，什么也不做。不前进，不做，到了顶点，就是什么也不存在，包括老子那个道，也没有了。不是老子要抛弃那个道，而是他无法再保存那个道。因为什么也不做，道还有什么用处呢！严君平的话，是赞扬老子修养到心中一无所有的境界。王夫之借用这句话讽刺老子说，如彻底无为，那道也不存在了。

三十九章

【原 文】

昔之得一者：天得一以清，地得一以宁，神得一以灵，谷得一以盈，谷虚而受万，故曰盈。[1] 万物得一以生，王侯得一以为天下贞。其致之一也：天无以清，将恐裂；地无以宁，将恐发；神无以灵，将恐歇；谷无以盈，将恐竭；万物无以生，将恐灭；侯王无以贞而贵高，将恐蹶。故贵以贱为本，高以下为基。是以王侯自谓孤、寡、不榖。此其以贱为本邪？非乎？故致数舆，无舆。不欲琭琭如玉，落落如石。李息斋曰：轮盖辐轸，会而为车，物物有名，而车不可名。仁义礼智，合而为道，仁义可名，而道不可名。苟有可执，使其迹外见，贵者如玉，贱者如石，可以指名，而人始得贵贱之矣。[2]

愚者仍乎"一"，而不能"以"；智者曰"以"之，而不能"一"。"以"者失"一"也，不"一"者无"以"也①。"一"含万，入万而不与万为对。"以"无事②，有事而不与事为丽。而况可遨，而况可执乎？是以酒熟而酤者至，舍葺而行者休。我不"得一"，而姑守其浊，以为之筐囊，而后"一"可致而不拒。夫贵贱高下之与"一"均，岂有当哉？乃贵高者功名之府，而贱下者未有成也。功立而不相兼，名定而不相通，则万且不尽，而况于"一"？故天地之理亏，而王侯之道丧。以大舆载天下者，知所取舍久矣。

【《老子纂注》译文】

[1] 山谷空虚能接受一切，所以说它圆满。

[2] 李息斋说：车轮、车盖、车辐、车轸，组合起来叫作车。每一部件都有名，但不能说哪一个就是车。仁义礼智，合起来叫作道，仁义等都有名称，但无法说哪一个就是道。假如道可被把握，让它的痕迹表现出来，或者它像玉一样宝贵，或者像石一样卑贱，由于可以叫出名称，人们就可以尊贵或轻贱它了。

【《老子衍》译文】

　　愚蠢的人只会守着那个"一"，却不能用。聪明人天

---

① 应为"一者无以也"，"不"字衍。
② 应为"以有事"。

天用着什么，却不能有个"一"。用的人失去了"一"，守着"一"的人又不能用。"一"包含着万，它存在于万中，并不与万敌对。用是有所从事，有所从事但又不附着在事上。何况它们还可以求得，可以执持呢？所以酒熟了就有人来买，房子盖好了就有客来住。当我没有得到一的时候，就姑且守着那重浊的东西，把它们当作筐子和口袋，然后"一"就可以求得而不会加以拒绝。不过这样一来，那贵贱高下，对于"一"来说，就都是一样的，有什么恰当不恰当的问题呢？那高贵是功名的府第，贱下是还未取得成功。不过一旦立了功，立这个功就不能立那个功；确定了名称，这个名和那个名也不相通。这就是用万也不能穷尽它们，何况是"一"呢！（一不能穷尽它们，大家就都失去了一。）所以天地会失去它们的理，王侯会丢掉它们的道。用一辆大车装载了整个天下的那个人，早就知道自己如何取舍了。

【解】

老子说：天得了一，用来使自己清明；地得到了一，用来使自己安宁；侯王得到了一，用来使自己成为天下的首领；等等。如果没有这个一，它们就都不能保持自己的本性，因而将会败坏。

王夫之借此发议论说：愚蠢的人只会守着那个一，却不会用。聪明人天天在用，但往往前后不一，心口不一。这两种人都不足取。只有老子，是既要得到一，又要"用来……"如何如何，这当然是很好的了。

不过，一，本身就包含着万。它存在、贯穿于万中间，并不在万之外，并不与万对立。也就是说，千差万别的事物，它们共通的、一般性的东西并不是它们的身外之物，怎么可以去求得，去执持呢？但老子却要去"得到"它，去"执持"它。"何况它们还可以求得，可以执持"，是在赞同的语气中包含着挖苦。

但老子却要去求、去执。如何求呢？当他还没有得到一的时候，他也没有清明，没有安宁，不能为天下的首领，等等，也就是说，这时的天是混浊的，地是动乱的，侯王们也还是卑贱的，等等。此时，我只好守着这混浊、动乱、卑贱，把它们当成筐子和口袋，去求那个一，而一也不会拒绝，一定会来。就像酒做好了就有人来喝，房盖好了就有人来住一样。

这样一来，一固然是清、宁、高、贵的基础，但对于浊、乱、下、贱也亲近，因此，在一面前，大家都一样，一律平等，何必有所选择呢？

但老子要有所选择。他向往贵、高，因为他希望王侯们得到一，以保持这个地位。但又要王侯自称孤、寡，表示贱、下，以成就贵、高。

王夫之认为，老子一向主张处弱、守雌，反对壮大、坚强，因为壮大坚强以后，接着来的就是死亡。如一贯坚持这个思想，就应该安于贱下，这里为什么又替王侯们谋划呢？

王侯们贵高，是因为有了功名。但功名一旦成就，就一定顾此失彼。其间的差别、变化，就是用万也难以尽述，何况是一呢？因此，王侯们，还有天、地（因为它们都已经"成为了"那个天地）是无论如何也不会再得到一了，所以它们也不能清明、安宁，做天下首领了。

要得到一，就只能安于贱、下、浊、乱，一旦成为天、地、王侯，处于清、宁、贵、高的地位，就要失去一，而失去一，也就不能清、宁、贵、高。真是左右为难，到底怎么办呢？王夫之说，用一辆大车装载了天下的那个人，早已知道怎么办了。

什么意思呢？老子说，你得到好多辆车，反而没有车，因为你可能无所适从。所以还是要坚持一的原则。只有一辆车，当然不会发生上述问题。所以王夫之说他是用一辆大车装载了整个天下的那个人。那么，这一辆大车的取舍是什么呢？那就是老子说的，不愿做高贵的玉，也不愿做下贱的石。

四十章

【原文】

反者，道之动；方往方来之谓反。气机物化，皆有往来，原于道之流荡，推移吐纳，妙于不静。[1]**弱者，道之用。**坚强则有倚而失用，非道也。道之用，以弱动而已。[2]**天下之物，生于有；有，生于无。**道息于无，非反乎？迭上者，非动乎？赵志坚①曰：物虽未形，已有是气。天地万物从一气而生，一气从道而生。[3]

流而或盈，满而或止，则死而为器。人知器之适用，而不知其死于器也。若夫道，含万物而入万物，方往方来，方来方往，蜿蟺希微，固不穷已。乃当其排之而来则有，当其引之而去，则托于无以生有，而可名为无。故于其"反"观之，乃可得而觊也。其子为光，其孙为水，固欲体其用也实难。夫迎来以强，息往以弱，致用于动，不得健有所据，以窒生机之往来。故用常在弱，而道乃可得而用也。动者之生，天之事。用者之生，人之事。天法道，人法天，而何有于强。然而知道体之本动者鲜矣。唯知动则知反，知反则知弱。

【《老子纂注》译文】

[1] 随往随来叫作反。气的运动转机，事物的由此变彼，都有往有来，其根源是由于道的到处流荡，行进推移，吐纳出入，奥妙在于道的不静止。

[2] 坚强的东西，由于有了依靠而失去了用处，这不是道。道的作用，是由于它的柔弱、运动罢了。

[3] 道在无的领域休息，这不就是反吗？不断上升（生一，

---

① 赵志坚：宋代人，著有《道德真经疏义》。

生二，生三），这不就是动吗？赵志坚说：物虽然还没有成形，但产生万物的气早已存在了。天地万物都是气所产生的，气又是由道产生的。

【《老子衍》译文】

流动的充满了，充满的停止了，故死亡而成了器物。人们都知道器物有用，却不知道自己被器物限制死了。但是道这个东西，包含着万物并存在于万物之中，随往随来，随来随往，屈曲细微，本没有穷尽。当它声势浩大地到来的时候就是有，当它悄悄退走的时候，就依托着无以生有，所以可以把它叫作无。因此，在它的"反"，即一往一来的运动中去观察，就可以看见它了。它的儿子是光，它的孙子是水，要想体会它的作用实在困难。迎接未来用强，送别过去用弱，发挥作用在于动，不应该使劲抓住一点，而窒息那一往一来的生机。所以，通常总是用它那弱的一面，道就可以为人所用了。运动的产生，是天的事。如何应用，是人的事。天效法道，人效法天，哪里用得着强呢？但是，懂得道自身本来就是运动不息的人太少了。只有懂得动才懂得反，懂得反才懂得弱。

【解】

这一章基本上是王夫之正面发挥自己的思想。老子说：

"反者道之动，弱者道之用。"王夫之的议论，主要讲的就是反和弱。反，据王夫之的理解，就是"方往方来"，也就是随往随来。

王夫之的意思，主要是说：道自身是不断运动的。运动是有来有往，有往有来，永不停止。人们本应该把持住一点，那样就会窒息那往来不停的生机。

老子的缺点，就在于它不了解道是运动不息的，因而只把持住一点，即反和弱。

反是"方来方往"，两面都讲到了，怎么能说是把住一点呢？

不论是随往随来，还是随来随往，讲的都是运动一定要返回。往的，就要来；来的，就要往。老子就是看到了这一点。既然运动一定要返回，何必去和事物一起运动呢？只要等待着，什么也逃不出我的掌握，因此他主张无为、守静。

王夫之并不完全反对等待。在《老子衍自序》中，他已经表示了对"等待事物自然返正"思想的态度。在与《老子衍》同时成书的《周易外传》中，他指出，道是运动不息的，对立的两极不会终不相通，所以君子们也很高兴看到事物运动的返回。不过，事物的运动，并不是去了一定都要返回，还有一去不返的。只是等待返回，显然失之偏颇，这正是老子的缺点。（参见《周易外传·杂卦传》。）

王夫之认为，只抓住事物将要返回这一面，是投机取巧，其结果往往是丢了西瓜而抓住芝麻。（参见《周易外传·

否》。)等待返回，往往是诡诈猜测，当事物在水里，他猜事物将回到岸上；当事物在岸上，又猜它将要回到水里。思想飘忽不定，为君子所深恶痛绝。(参见《诗广传·小雅》。)在《读四书大全说·中庸》中，他甚至认为，"反者道之动，弱者道之用"，从一开始就与君子之道南辕北辙。

"弱者道之用"，在王夫之看来，同"反者道之动"一样，不能说没有一点真理，但是有片面性。在本章中他指出，人们不应该强行把住一点，从这个意义上说，用常常在弱，但不应忘记还有强的一面。而在《周易外传·睽》中，他指出，君子经常用强的一面，"异端"（包括老子在内）经常用稚弱一面。这是因为他们所擅长的，只是怎样苟全性命、保全妻子而已。

四十一章

【原文】

上士闻道，勤而行之；中士闻道，若存若亡；下士闻道，大笑之。不笑，不足以为道。故建言有之：明道若昧，进道若退，夷道若类。在牛为牛，在马为马，类也。我道大似不肖，何类之有？然唯非马非牛，而亦可马可牛，何不类之有？[1] 上德若谷，大白若辱；广德若不足，建德若偷，质真若渝。大方无隅，吕吉甫曰：沦于不测，反于大通。[2] **大器晚成，大音希声，大象无形。道隐无名。** 常名不可名。[3] **夫唯道，善贷且成。**

　　有善贷者于此，则人将告贷焉，而彼非执物以赐之也。夫道，亦若是而已矣。然我未见物之告贷于道也。何也？物与道为体，而物即道也。物有来有往，有生有反，日饮于道，而究归于未尝或润；日烛于道，而要反于未之有明。无润无明，物之小成；不燿不流，道用自极。故欲勤，而莫致其力；欲行，而不见其功。盖"昧""退""辱""偷"之名，非虚加之也。然而受之不辞者，且得不谓之上士乎？

【《老子纂注》译文】

[1] 属于牛类的都是牛，属于马类的都是马，这是由于它们都是一类。我的道非常广大，什么都不像，怎能归入某一类？不过，只有不是马也不是牛的，才既可以作马也可以作牛，又怎能说它没有自己的类？

[2] 吕惠卿说：到了无法猜度的地步，就返回到了处处通达的境地。

[3] "常名"无法称呼。

【《老子衍》译文】

　　有个善于放债的人在这里，那人们就要向他借债了。但他并不拿什么东西给人家。道，不过也是这个样子罢了。但我却未见过万物去向道借债。为什么呢？物和道是一体，物和道不可分离。物有来有往，有生成也有归去。天天吮吸着道，不过道终究没有去滋润它；天天沐浴着道的光明，然而道却实在没有施什么光明。不被滋润也不受光明，物自己小有成功；不照耀也不流动，道的作用自有范围。所以想效劳，却无从尽力；想行动，却看不见自己的成功。那暗昧、后退、卑辱、怠惰这类名称，不是凭空加给它的。不过，接受这些名称而不推辞，你能不把他叫作"上士"吗？

【解】

老子说："道，善贷且成。""贷"是放债。意思是说，道善于援助万物使它们成功。但这个"贷"字表明，老子总是把道看作是脱离万物独立存在的东西。王夫之的议论，主要是反对老子这个观点，进一步发挥道不脱离物的思想。

道就在事物之中，事物虽然天天吮吸着道的乳汁，沐浴着道的光明，但实际上道却并没有施予什么。所以道即使想对事物尽力，也无从尽力。

道不干预事物，听任它们自生自灭，本是老子的观点。但由于他把道看作是脱离事物的独立自存之物，所以常常自相矛盾。这一章中，老子又说，"上士"听说道，就努力实行它。既然道不干预事物，自己把自己封闭起来，那又从何处尽力，又如何实行它呢？

老子对道作了许多描述。如"明显的道好似暗昧""前进的道好似后退",等等。这也未尝没有道理。不过,王夫之说,甘愿接受这些名称的,大约只有老子所称赞的"上士"。

四十二章

【原 文】

道生一,冲气为和。[1]**一生二**,既为和矣,遂以有阴阳。冲气与阴阳为二。[2]**二生三**,阴阳复二而为三。[3]**三生万物。万物负阴而抱阳,冲气以为和。人之所恶,惟孤、寡、不穀,而王公以为称。故物或损之而益,或益之而损。人之所教,我亦教之**。至道不在言,感触可尔。[4]**强梁者不得其死,吾将以为教父**。

当其为道也,函三以为一,则生之盛者不可窥,而其极至少。当其为生也,始之以冲气,而终之以阴阳。阴阳立矣,生之事繁,而生之理亦竭矣。又况就阴阳之情才,顺其清以贪于得天,顺其浊以坚于得地,旦吸夕餐,龃酟充闷以炫多,而非是则恶之以为少?方且阴死于浊,阳死于清,而讵得所谓"和"者而仿佛之乎?又况超于"和"以生"和"者乎?有鉴于此,而后知无已而保其少,损少致"和",损"和"得

"一"。夫得"一"者无"一",致"和"者无致①。散其党,游其宫,阴阳在我,而不叛其宗,则益之最盛,何以加哉?

【《老子纂注》译文】

[1] 和谐的冲气。
[2] 既然是和谐的,就又有了阴阳。冲气和阴阳,就叫作二。
[3] 阴和阳又成为二,加上冲气,就成为三。
[4] 最高的道不在言说,去体会就可以了。

【《老子衍》译文】

当它作为道的时候,是作为一而函容着三。因此,万物的繁盛虽难以数计,但它的尽头却只有很少一点。当它产生万物的时候,从冲气开始,到阴阳告终。阴阳一旦确立,由于产生万物的事非常繁多,生育的作用也就消失了。何况就阴阳各自的性质和作用讲,顺着它的清,它就眷恋于天,顺着它的浊,它就固执于地,早上喝,晚上吃,吃得发胀要吐,以此来炫耀自己的多,不这样就发怒嫌少?这样,阴就要死于重浊,阳就要死于轻清,哪里有一点和的样子呢?又何况那超于和又产生和的那个东西呢?以此为借鉴,然后懂得不得已去保持它的少,再损减少求得和,损减和求得一。那得一的没

---

① "致和者无致"应为"致和者无和"。

有一，求和的没有和。解散它的党羽，进入它的内部，阴阳本来就在我的身上，并且也不背离它们的宗主，那么，增益它，它也能最昌盛，哪里用得着其他的呢？

【解】

　　按王夫之的理解，生，也可理解为"具有"。如脸上生着鼻子、眼睛，就是具有的意思。周敦颐《太极图说》的太极"动而生阳""静而生阴"，就是太极本来具有，借动静而表现出来的意思。老子"道生一"的"生"，也是"具有"。由于道此外再无别的，"道生二"实际上就成了道就是一。这个一，包含着三。

　　老子说的"道生一，一生二，二生三"，按王夫之的理解，就是说：道是一，一就是和谐的冲气。冲气生阴阳。一个冲气，一个阴阳，这是二，即一生二。阴阳再分成阴和阳，则冲气、阴、阳为三，即二生三。老子又说，万物都"负阴而抱阳"，那么，阴阳也就是万物。所以王夫之说，道生万物，是从冲气开始，到阴阳结束。也就是说，生育万物的事情，是一旦阴阳确立，反而使生育能力丧失。在王夫之看来，这是从老子"道生一，一生二，二生三"命题中推出的最荒谬结论。

　　王夫之认为：阳的性质是轻躁而清明，阴的性质是滞重而沉静。双方的性质，都不能全部抛弃，也不能任其发展。要有一种东西来调节它们，使它们既发挥自己的作用，又不致过分发展，这样才能保持世界上那蓬勃旺盛的生机。这种调节它们的东西就是道。不过道不是处于阴阳之外的某物，它毋宁说就是阴阳双方的相互节制，相互促进。（见《周易外传·系辞上》第五章。）在王夫之看来，老子的错误，在于他认为阴阳不是同时存在，而是可以相互分离，单独存在；而道，也不在阴阳之中，而是在阴与阳之间的空地上。（见《周易外传·系辞上》第五章。）王夫之认为，老子在本章中所说的万物都负阴而抱阳，就是这种思想。万物，它们前面是阳，后面是阴，互不相干。而道呢，是产生阴阳的东西，当然与阴阳也不相干。阴与阳不相干，各自只好找自己的同类，尽量地、无节制地发挥自己的特点。王夫之认为，这就必然导致各自的灭亡。比如阳，轻躁好动。假如它任性而行，是阳气，就会上升、上升、上升，不知到什么地方去了。雄性动物，无节制地表现自己的雄性，也要自我毁灭。人的处世，也不能一味刚强，如此等等。老子对道与阴阳、阴与阳相互关系的看法，必然导致这样的结果。所以王夫之说，这样一来，阴阳都要死亡，哪里有一点和谐的样子呢？更何况那产生和谐的呢？就是说，老子这样的理论，不会导致和谐，更不是道，而是非道。王夫之认为，道就是《易传》上的"一阴一阳之谓道"，这样的道，老子是不懂得的。

　　王夫之说，老子大约也看到了这种后果，所以不得已就去保持它的少（老子在第二十二章中说过，少反而有收获，多反而迷惑）。但这样似乎还不行，于是又减损少去求得和谐，减损和谐去求得那个一。王夫之认为，这样是不行的，其结果必然是想得一的没有一，想求和谐的无和谐。

那么怎么办呢？就是要解散它的党羽，不要总是同类和同类在一起，道和道，德和德，阴与阴，阳与阳，等等；而是大家要互相渗透，道与阴阳，阳与阴，等等。这样，阴阳同时存在，互相节制，互相促进，就不会背离道，也用不着损减多而保持少。无论怎么增益，也会繁荣昌盛，无以复加的。

《老子衍》以后，王夫之还继续对"道生一，一生二，二生三"的命题发表了几次意见。他在《尚书引义·洪范》中说，事物不断地有生有灭，既不像佛教所说，有朝一日天下一切都消灭成混沌一片，也不会像老子说的，一生二，二生三，不断地生下去。王夫之说，假若这么生下去，日积月累，天地间怎么盛得下！

四十三章

【原文】

天下之至柔，驰骋天下之至坚。无有入于无间。吾是以知无为之有益。不言之教，无为之益，天下希及之。

适燕①者北驰，适粤②者南骋，而无适之驾，则常得其夷而无所阻，轹践百为而无所牾。以觿解者，不能解不纠之结；以斧析者，不能析无理之薪。苟知实之有虚，因而袭之，则訢距万变，而我志无不得。夫炫其坚而修备，测其间而抵隙者，多矣，道之所以终隐于"可道"也。

【《老子衍》译文】

去燕国的朝北跑，到越国的往南走。但那并不要走的车子，却永远有畅通无阻的平坦大道，它的车轮到处辗过也无所阻挡。用锥子解结，解不开根本不能解的结；用斧头劈柴，劈不开没有纹理的木头。假如知道实中有虚，并借此来袭取它，那么，无论它欢迎还是拒绝，并且变来变去，我的愿望也总能实现。炫耀自己的防御严密坚固，窥探人家的疏漏而钻人家的空子，这种人多得很，道就是这样被"可道"弄坏的。

【解】

这一章主要推衍老子的无为思想。那些去燕国和越国的、解结的、劈柴的、炫耀的、钻空子的，都不是道。最后一句，是王夫之替老子发的感慨。

---

① 燕：指燕国，古代诸侯国，今北京一带。
② 粤：此指越国，今江浙一带。

四十四章

【原 文】

名与身孰亲？身与货孰多？得与亡孰病？是故甚爱必大费，多藏必厚亡。知足不辱，知止不殆，薛君采①曰：乐今有之已多，无求奚辱？惧后益有之损，知几奚殆？[1]可以长久。

所谓至人者，岂果其距物以孤处哉？而坐视其变，知我之终无如物何，而物亦终无如我何也。故辱有自来，而辱或无自来；殆有自召，而殆或不召而至。然而以身捷得其眚而受其名，则不如无居之为愈也。故谓之善爱名而善居货，善袭得而善遣亡。得之于身，听然以消阴阳之沴；得之于天下，泮然以毙虎兕之威。

【《老子纂注》译文】

[1] 薛蕙说：已经有的，就觉得很多，并且欢欢喜喜。没有追求，哪里会遭受侮辱？害怕以后有所增多，反因此而受损失。若我已经知道了这种可能，哪里还会遭受挫折？

---

① 薛君采：即薛蕙，字君采，明朝人，著有《老子集解》等。

【《老子衍》译文】

他们所说的至人，难道真的是离群索居，孤身独处的吗？坐视事物的变化——知道归根到底，我也无可奈何物，物也无可奈何我。其实困辱的到来，可能有原因，也可能无原因；危险的到来，有的是自己招来的，有的也不是。但是，假如得到一种荣誉，却使自身突然遭遇灾祸，倒不如不要荣誉还可能好一些。这叫作善于爱护荣誉又善于保护财产，善于袭取得又善于排除失。自身有了得（从而得以保全），听之任之就会消除体内阴阳的不和；天下有了得（从而天下太平），老虎和犀牛的威风也会焕然冰释。

【解】

这一章由无为谈到了对人生的态度。

老子认为，自己的身体、生命，比财产和荣誉重要。因此，人们要知足，不要过分追求，才可以长久安全。

老子的态度，使王夫之想到《庄子》书中的"至人"，离群索居，对世事漠不关心。王夫之怀疑，真有这样的人吗？

老子叫人知足，不要去追求名誉、金钱，为的是怕遭到困辱和危险。王夫之说，困辱和危险，有的是自招的，有的并不是。依靠消极退让去避免受辱和危险是不可能的。

最后两句是讽刺老子以为如此就可以天下太平，自己也得以保全。

四十五章

【原 文】

　　大成若缺，其用不敝；大盈若冲，其用不穷。大直若屈，大巧若拙，大辩若讷。躁胜寒，静胜热，胜音升。叶梦得①曰：知其所胜，孰往而不可为?[1] 清静为天下正。为天下正，则天下自正。若欲正天下，益其寒热矣。[2]

　　阴阳交而人事烦，人事烦而功名著。故喜于有为者，其物之②盈而往附之。已盈而往附焉，必损于己，遂思以胜之。我见其寒而趋火，热而饮冰，徒自困也。彼岂乐有此患哉？始亦以附彼者之易于求盈，而不知其至此也。而早啬于己，不惊于物，则阴阳方长，而不附之以为功名。始于不依，终于不竞，天下正矣，而我若未有功。故貌见不足，而实享其有余。诚享矣，而又奚恤于貌之不足？

【《老子纂注》译文】

[1] 胜，这里读作"升"。叶梦得说：知道它能战胜什么，还

---

① 叶梦得：宋代人，彭耜《道德真经集注》中保存有他的《老子解》。
② 之，应为"已"。

有什么事情不可做的呢?
[2] 做天下的表率,天下自然会趋于正道。如果想去纠正天下,就会加剧天下的"寒""热"。

【《老子衍》译文】

阴阳交感,人事繁杂。人事繁杂,求功名的事就出现了。所以使得那些有为的人,事物已经圆满了,他却还要去归附。已经圆满而去归附,必然损害自己,于是就要想法改变这种情况。我看有些人冷了就往火前靠,热了就吃冰,不过是自找烦恼罢了。他难道是喜欢这些祸患吗?开始也是觉得归附人家容易满足自己的欲望,却料不到能落到如此地步。假如他早加注意,少有贪求,不为外物所动,那么,来日方长,不必为了功名去依附人家。从不依附开始,以不竞争为结束,天下就正了,而我自己好像没有什么功劳。所以表面看起来好像不足,实际上却享到了有余。只要确实享到了有余,那又何必担心表面上的不足呢?

【解】

这一章主要是推衍老子的"清静自正"。

老子只是主张清静,让事物自然归于正道。从《衍》文看,王夫之仅仅同意,在事物已经圆满的情况下,不要为了自己的功名而去节外生枝。最后两句,表面看来不足,实享有余，乃是对老子的讽刺。因为王夫之的处世，始终不在计较个人的得失。

四十六章

【原文】

天下有道，却走马以粪；天下无道，戎马生于郊。罪莫大于可欲，祸莫大于不知足，咎莫大于欲得。故知足之足，常足矣。

祸发于方寸，福隐于无名。一机之动如蚁穿，而万杀之争如河决。故有道者，不为福先，而天下无祸。岂强窒之哉？明于阴阳之亢害，而乐游于大同之圃，安能以己之已知，犯物之必害者乎？

【《老子衍》译文】

祸的产生，是由于人心的欲望。福的到来，是隐藏在默默无闻之中。一个念头升起来不过像个蚂蚁洞，可那千万人的厮杀就像大河决堤一样。所以有道的人，遇到好事不抢先，天下就没有祸害。难道是强行压制自己的欲望吗？不过是懂得事物过分了就会造成祸害，喜欢处处和大家相同罢了。怎能用自己已经知道的道理，去触那一定要造成祸害的东西呢?

【解】

这一章由人的处世谈到给天下、国家带来的后果。

老子说,国家如果有道,战马也用来种田,无道,一切都要投入战争,而有道、无道的造成,全在于知足还是不知足。所以王夫之说,不管是福、是祸,还是把千万人投入厮杀的战争,其根源全在于一念之差:知足,还是不知足。有道的人之所以知足,并不是强行压制自己的欲望,而仅是因为他明白不知足一定会造成祸害,所以处处随顺大流罢了。

这一章王夫之只是在推衍老子的意思。他并不认为什么事都起源于是否知足的一念之差。

四十七章

【原文】

不出户,知天下;章安①曰:出户则离此而有知。[1]不窥牖,见天道。章安曰:窥牖则即彼而有见。[2]其出弥远,其知弥少。是以圣人不行而知,不见而名,不为而成。

---

① 章安:宋代人,著有《宋徽宗道德真经解义》。

道，盈于向背之间。有所向，斯有所背矣。无所向，无所背，可名之中。乃使人贸贸然终日求中而不得，为天下笑。无已，姑试而反之。反非中也，而渐见其际。有欹乎，如光之投隙；有约乎，如丝之就络。物授我知而我不勤，乃知昔之逐亡子而追奔马者，劳而愚矣。非然，则天下岂有"不行而知，不见而名，不为而成"者哉？

【《老子纂注》译文】

[1] 章安说：出门，有了知，但离开了道。
[2] 章安说：由窗口看出去，有所见识，但那是道以外的东西。

【《老子衍》译文】

道，充满在向背之间。有所向，就有所背。无所向，无所背，可以叫作中。让人整天冒冒失失地去求中，反而得不到中，被天下人耻笑。不行的话，就反过来试一试。反过来也不是中，这样可慢慢看到中的一点边。有点闪亮啊，就像夹缝中透过来的光；有点要领，就像络起一缕细丝。事物自己让我来认识而我不必卖力，这才知道过去那种追赶逃跑的孩子又要捉回飞奔马匹的做法，是既劳累又愚蠢的啊！如果不是这种情况，哪里有什么"不必经历就知道，不必亲见就明了，不必去做就成功"的事呢？

【解】

这一章讨论认识论。

老子说，不出大门，能知天下事。认为走得越远，知道得就越少。他说，圣人都是不必经历就知道，不必亲见就明了，不必去做就成功的。

王夫之认为：依老子的意思，道像泛滥的河水，左右周流，那么，它一定到处存在，充满于向背之间。你要行动，就必定有所向。有所向，就有所背，终日忙忙碌碌，顾东顾不了西，就像孩子丢了，马也跑了，又要找孩子，又要寻马匹，无所适从，难以两全。这样做，不能得到道，也就是得不到中。

这样不行，就用相反的办法。这就是老子的不出大门，可以知天下事。王夫之认为，这样可以看到一点道的边，就像一孔之光，一络之丝，除此以外，再没有什么"不必经历就知道"的事。

从《衍》文看，王夫之也反对忙忙碌碌，贸然行动。但老子的办法，却只能获得一孔之见。

四十八章

【原 文】

为学日益，为道日损。损之又损，以至于无为，无为而无不为矣。故取天下，常以无事；及其有事，不足以取天下。天下不可取，繇天下之与我谓之取尔。[1]

损于有者，益于无。去其所取，全其未有取。未有取，则未有失。故宾百为，而天下来宾。犹且詹詹然以前识之得为墨守，则日见益而所失者积矣。故月取明于日，明日生而真月日死。安能舍此无尽藏，以取恩于天下之耳目哉？夫天下无穷，取者恩而失者怨，取者得而失者丧，此上礼之不免于攘臂，而致数舆之无舆也。

【《老子纂注》译文】

[1] 天下不可以夺取，因为把天下交给我才叫夺取。

【《老子衍》译文】

减损一些有，就增加一些无。完全抛弃那个夺取，就保全了未被夺取的东西。没有夺取，就不会有丧失。所以你尊重所有的事物，天下就会来归随你。如果还沾沾自喜，固执于那一点先见之明，就会觉得天天有长进，而失去的东西也在积累着。恰如月亮从太阳处得到光明，光明天天生长，而本来的月亮也在天天死亡。怎么能丢掉这固有的无穷无尽的宝藏，去取悦天下的耳目，让他们感恩呢？天下无穷无尽，有所得的人感恩，有所失的人就怨仇。这就是为什么崇尚礼节免不了奋拳争斗，而导致虽有许多车子却等于没有。

【解】

老子说，从事于学问，是一天天增加，从事于道，是一天天减少，减少再减少，一直到无为。由此看来，减少的都是有。所以王夫之说，减少了有，就增加了无。言外之意，无既然能增加，还能叫无吗？

老子主张以不做事来夺取天下。王夫之说，这就是抛弃夺取的行为，使被夺取的东西得到保全，这样，由于我尊重一切，一切也就会投靠我。以不做事为手段，以获得的一切为目的，这就是老子的无为无不为。

王夫之说，有些人自以为有先见之明，天天觉得有进步，却不知道他失去的东西也天天在积累。就像月亮天天得到日光，而本来的月亮也在天天死亡一样。

而老子，就是看到了这一点：使这里受益，必使那里受损。使这里感恩，必使那里抱怨。既然如此，不如什么也不做。就像宁可保存一个不会发光的月亮，也不到太阳那里去借点光来使人间夜里也有一些光明。

上面这些,都只是老子本意的延伸。这种思想,是王夫之所不能同意的。

四十九章

【原 文】

圣人无常心,以百姓之心为心。善者吾善之,不善者吾亦善之,德善矣;信者吾信之,不信者吾亦信之,德信矣。圣人在天下,歙歙为天下浑其心,百姓皆注其耳目,圣人皆孩之。

即有圣人,岂能使天下之皆孩耶?一生二而有阴阳,有阴阳而有性情,有性情而有是非。夫性情之凝滞以干阴阳之肖者而执之,将遂以为常乎?常于此者,不常于彼矣。唯执大常以无所常,故恣阳亢阴凝之极,而百姓可坐待其及。我为焦土,百姓为灌潦;我为和风,百姓为笙竽①。有溃而不受,有声而不留,则善之来投,若稚子学语于翁姁之侧,而况夫不善之注耳目者乎?呜呼!天下之有目而注者多矣,与之为目者,则亦注也。圣人不为目,而天下自此孩矣。

---

① "我为和风,百姓为笙竽"应为"百姓为和风,我为笙竽"。

【《老子衍》译文】

即使是圣人，又怎能使天下都变成无知的婴儿呢？一生二有了阴阳，有阴阳就有性情，有性情就有是非。性情关注于和自己投合的事物，并且固执不变，就要把这个当作常吗？常在这里，那里就会是不常。只有坚持那个大常，才能不是仅在某一方面有所常。因此听凭阳的亢奋、阴的凝滞都到了极点，百姓就可坐待这个大常的到来。我若是焦土，老百姓就是灌溉的水；老百姓是和风，我就是笙竽。有浸润不能吸收，有声音不能停留。善的来了，就像小孩子对大人呀呀学舌，何况不善的东西进入我的耳目（我更是过而不留了）。唉！天下有眼睛而去注视什么的人，多了。给他们可看的东西使他们看，这种行为，也是一种注视。圣人不求自己好看（因而使大家无所可看），天下从此都要成为无知的婴儿了。

【解】

常，本义为永久、永恒。据马王堆帛书本，"常"的本字也是"恒"。老子说他的道是常道，常也就往往用作道的同义语。在本章中，老子说："圣人无常心。"与他推崇常道的立场相矛盾。王夫之解释说，这只是不在某一方面有所常，圣人的常，是更高的"大常"。

大常是什么意思呢？

老子说："圣人无常心。"是说圣人没有固定的意愿，他只是把百姓的意愿作为自己的意愿。百姓的意愿，好的，我说它好，不好的，我也说它好。就像王夫之所形容的那样，一切都当作耳旁风，什么也不放在心上。所谓阳亢阴凝到了极点，是说事情闹到不可收拾的地步，他也不动心，这就是所谓的大常。

不仅如此，老子还要把天下人都变成无知的婴儿。《衍》文开头，王夫之说，这怎么可能呢？《衍》文结束时，王夫之说，天下有眼目而去注视事物的人太多了，并且也确实有可看的事物，但圣人却要把自己的可看之处掩藏起来，以为这样一来，天下人就都成为无知的婴儿。这显然是对老子的嘲讽。

五十章

【原 文】

出生，入死。生之徒，十有三；死之徒，十有三；人之生，动之死地者，亦十有三。苏子繇曰：生死之道九，而不生不死之道一。[1] 夫何故？以其生生之厚。盖闻善摄生者，陆行不遇兕虎，入军不避甲兵。兕无所投其角，虎无所措其爪，兵无所容其刃。夫何故？以其无死地。

有死地，无生地。无地为生，有地为死。试效言之矣。人之生也，神舍空而即用，形拔实以营虚，非其出乎？迨气与空为宅，形与壤为质，则死者非其入乎？虽然，既有生矣，遂以其出者为可继也，引绪旁生，据地而游，则死固死于静，生亦死于动①。死于动者，能不静，而不能静于动也。静于动，则动于静，动静两用而两不用。静于动，则动可名为静，可名为静，静亦乐得而归之。所谓"守静笃"者此也。动于静，则静可名为动；可名为动，静与周旋而不死。所谓"反者道之动"者此也。故有地者三，无地以为地者三，骛于地不地而究以得地者三。此自九而外，一之妙所难言与！然而摄生者其用在动，之死者其用亦动。何以效之？摄生者以得地为忧，动而离之；之死者以不得地为忧，动而即之。彼虽曰往还于出入之间，而又恶知动哉？则甚矣，地之可畏也！兕虎之攫，必按地以为威；甲兵之杀，必争地以制胜。遇无地者，则皆废然而丧其杀机。杀不在彼，死去于我，御风者②所以泠然善，云将③所以畅言游也。

---

① 这两句应为"死固死于动，生亦生于动"。
② 御风者：《庄子·逍遥游》说，列子乘风而行，飘然轻松。
③ "云将"应为"鸿蒙"，见《庄子·在宥》。鸿蒙，雾气之类的人格化。《庄子·在宥》篇说，云将东游，遇鸿蒙。云将问："先生在做什么呢？"鸿蒙一边拍着大腿，一边畅快地跳跃着说："游荡啊！"

【《老子纂注》译文】

[1]苏辙说：生或死的道路有九条，不生不死的道路有一条。

【《老子衍》译文】

　　死有固定的地方，生没有固定的地方。没有固定的地方就是生，有了固定的地方就是死。我们仿照老子来试着说明这个道理：人在活着的时候，精神处于虚的地位来发挥作用，形体从实在的东西里产生出来并经营着虚，这不就是出生的出吗？等到气以虚空为家，形体变成土壤，那么，死不就是入死的入吗？虽然知道生必有死，但既然有了生命，就会把它借以出生的东西认为是可继承的，持续这个并加以扩大，凭借着地到处活动。那么，死固然是死于动，而生，也是生于动。死于动的，他能不静，但是不能在动中求静。静存在于动中，动就存在于静中。动静两者同时起作用也同时不起作用。静存在于动中，所以动也可叫作静。可叫作静，静也就喜欢和动在一起。老子所说的"守静笃"应该这样来理解。动存在于静中，那么静也可叫作动。可叫作动，静就和动一起周旋运动而不死亡。老子所说的"反者道之动"应该这样来理解。所以，有固定地方而死者，占十分之三；把"无地"作为固定地方而死者也占十分之三；处于似有似无而最终还是得到了地方因而死亡的，也占十分之三。这十分之九以外，一的妙处就很难言说了。然而，善于保护生命的，其办法在于动，走向死亡的途径，也是动。如何证明呢？善于保护生命的，因处于固定的地方而忧虑，所以动起来离开它；走向死亡的，因得不到固定的地方而忧虑，所以动起来趋向它。他虽然天天在出生入死之间往来，可哪里懂得动呢？更有甚者，把有固定地方看得非常可怕呢！要知道，老虎、犀牛的捕食，必须按住地才能逞威；战争中的厮杀，必须争到土地才算胜利。遇到没有什么地方好争的，那厮杀的动机就会马上消失。他不想杀了，死也就离开我了。因此，那乘风的才觉得飘然轻松，鸿蒙才畅快地叫道：游荡啊！

【解】

这一章通过"动之死地"，阐述了王夫之对于运动的理解。

"动之死地"，按王夫之的理解，是"运动起来就要走向死亡的地方"。运动，总是和物体的空间位置有关。在讨论运动时，王夫之处处借题发挥，总是讲到运动和"地方"的关系。这个"地方"不仅是一定的空间位置，也指人们的社会地位、行为操守等，人们有了这些，都叫"有地"，现代的说法，也就是说人找到了自己的位置。

王夫之认为，老子之所以讲动之死地，就是说，有了一定的位置，就要死亡。依此推论，要避免死亡，就不要有固定的位置。怎样证明呢？你看人死不能动，只能待在一个地方，化土化气，这不是有了固定位置吗？而活人却可以到处走动，没有固定处所。

依老子的意思，运动就要走向死亡。但从死而有地来说，不动，则本身就是死亡。所以王夫之说：死，固然是由于动；生，也是由于动。这是批判老子的主静思想。

在王夫之看来，和阴与阳的关系一样，动和静，也是同时存在，不可分开的。因此，只有在动中求静，才能切实坚持清静，即老子所说的"守静笃"。静和动一起周旋，才是"反者道之动"。这是王夫之用自己的观点去解说老子的命题。

老子说，生的途径，占十分之三，死的途径，也占十分之三，处于生死之间而不免陷入死亡的，也占十分之三。那么，那十分之一是什么样呢？王夫之说，那个一的妙处就难说了。

老子一向主静，但静下来，就要有一定处所。有一定处所，就要死亡。为了生存，不得不经常运动，不要陷入一个地方。在王夫之看来，老子的思想，就是这样割裂动静而陷于自相矛盾的。

王夫之认为，老子把"得到地方"这件事看得过分可怕了。因为老子觉得，大家每日所争的，不就是那个地方或位置吗？我不去争，不就没有危险了吗？但这样的结果，只能使自己在半空中浮游，脚不沾地。这种态度，当然是王夫之所不赞成的。

五十一章

【原 文】

道生之，德畜之，道之用曰德。[1]物形之，势成之。皆道之自然。[2]是以万物莫不尊道而贵德。道之尊，德之贵，夫莫之爵而常自然。故道生之，畜之；长之，育之；亭之，毒之；养之，覆之。陆希声①曰：禀其精谓之生，含其气谓之畜，遂其形谓之长，字其材谓之育，权其成谓之亭，量其用谓之毒，保其和谓之养，获其生谓之覆。[3]生而不有，为而不恃，长而不宰，是谓玄德。

道既已生矣，而我何生？道既已畜，且覆之矣，而我何为，而我何长？邻之人炊其囷粟以自饱，施施然曰我食之。夫谁信哉？乃彼未尝食于我，而未尝不食于此也。我唯灼而知之，顺而袭之。天下不相知而德我，我姑不得已而德之。物者形矣，势者成矣，虽灼知之，不名言之，虽顺袭之，不易置之。虽德我者不相知，终古而信之，亦可因万物之不相知也，而谓之"玄德"矣。

---

① 陆希声：唐朝人，著有《道德真经传》。

【《老子纂注》译文】

[1] 道的作用叫作德。
[2] 都是道的自然而然的性质。
[3] 陆希声说：使物禀受精气叫作生，使物函容着气叫作畜，使物成形叫作长，生下物的质体叫作育，根据情况使物长成叫作亭，量材使用叫作毒，保持物的和气叫作养，使物完成自己的一生叫作覆。

【《老子衍》译文】

　　道既然已经生了，那我还有什么可生？道既然已经养育，并且保护着它们，那我还有什么事可做，还有什么可管的呢？邻居用他自己仓里的粟米烧饭自己吃，却高兴地说是我给大家吃的。有谁能相信呢？他虽然没有吃我的，却未必不吃道这里的。我只是心明如镜，知道是怎么回事，还顺势取得了它。天下人不了解我，因而就对我感恩，我出于不得已，也就以此为德。事物形成了，态势造成了，虽然我心明如镜，但是并不说破，虽然顺势取得了它，但是并不改变它。虽然感谢我的并不了解是怎么回事，因而永远相信我，我也可以借着万物的这个不了解，从而把它叫作"玄德"。

【解】

　　这一章讨论道和德。

德，古人的解释就是"得"。人们得到了道，就有了德。相对于道来说，德的表现，就是"我"的行为。所以道与德的关系就成为道与我的关系。

老子说，道生了万物，并且养育它们，保持它们，使他们生长、成熟。王夫之说，道既然这么做了，那我还有什么好做的呢？我无事可做，那还有什么德？但老子也说，德养育万物，就是说，我也养育万物，这不是自相矛盾吗？

但老子又说，万物都尊崇道而贵重德。为什么又会贵重德，即贵重我呢？王夫之说，是这样的：因为道虽生养保护万物，但并不据为己有，也不主宰它们，而是听任它们自生自灭。万物并不知道这一点，我却是心明如镜，于是我就顺势取得了使大家感恩戴德的地位。我虽然明白，但是并不说破，也不改变这种情况。而且正因为万物不了解我是怎么回事，这样的德当然是"玄德"了。

王夫之认为："玄"的意思，就是不可测度。如为形势所迫，不表现自己的德行，是可以的。但这只是暂时的权宜之计。如果从根本上把让人不可测度作为德行，那就必然是邪门歪道、花言巧语、挟诈藏奸，从而乘人不备而暗中取利。（参看《尚书引义·舜典一》。）

五十二章

【原 文】

天下有始，以为天下母。既得其母，以知其子；既知其子，复守其母。没身不殆。塞其兑，闭其门，终身不勤；开其兑，济其事，终身不救。见小曰明，守柔曰强；用其光，复归其明，无遗身殃，是谓袭常。

言始①者有三：君子之言始，言其主持也；释氏之言始，言其涵合也；此之言始，言其生动也。夫生动者气，而非徒气也。但以气，则方其生动于彼，而此已枵然矣。盈于彼，不虚于此，先天地生，而即后天地死，其息极微，用之无迹。小且无所执，而况于大？弱且不必用，而况于强？将孰从而致吾见与守乎？故方其守而知，知之在守；方其知而守，守之在知。生息无穷，机漾于渺。欲执之而已逝矣，欲审之而已迁矣，歘忽萧散，何所为常？于其不常，而阴尸其常，岂复在子、母②之涯涘耶？不然，以己之知与力，有涯之用，追随子、母之变，未见其免于殃也。

---

① 始：原始，这里指道。
② 子、母：即万物与道。老子说，道生了万物，是万物之母。

【《老子衍》译文】

讲原始的有三家：君子讲原始，说的是一种主持作用。佛教讲原始，说的是包容。老子这里讲的原始，说的是产生运动的那个东西。产生运动的是气，但并不只是气。如果只是气，那么，在那里生出了运动，这里就会空无一物。在那里充满，这里也不空虚（所以应该还有一种东西），（它）生在天地之先，死在天地之后，它气息微弱，作用不留痕迹。它小都不愿执着，更不必说大。弱的作用尚且不一定起，何况让它逞强？我怎么还能够见到它、守住它？当你守住它再去认识，认识的前提是守住。当你认识它而去坚守，坚守的前提是认识。生息的事业无穷无尽，机会飘忽即逝。想抓住它，却已经跑了；想仔细观察它，却又过去了。像闪光一样，刚出现就消失了，哪一点是常？对于这不常的东西，你却要偷偷抓住它让它常，岂不是仍然在母与子的交界处吗？如果不是这样，想用一人的智慧和能力、有限的作用，去追踪母与子本身的变化，没见过这人能避免灾殃的。

【解】

老子说，天下的一切都有个原始，这个原始，是天下的母亲，这个母亲，也就是道。王夫之说，讲原始的有三家，也就是说，讲道的有三家。

第一家是君子。也就是王夫之所属的儒家。这一家说的道，是《周易》上的"一阴一阳之谓道"。按王夫之的理解，这说的是阴阳的相互作用有个"主持"，使它们的作用能正常发挥，不致任意胡来；有个"份剂"，掌握双方参与作用的分量。这个主持和份剂的作用，就是道。

第二家是佛教。王夫之认为，佛教否认事物的差别，认为相同就是差异，整体就是部分，成就就是毁坏，从而把一切都糅合为一。这一切都不是道，道在它们之外，包容着它们。

第三家是老子。老子使阴阳互相分离，并使道也脱离阴阳，道不在阴阳之中，而只是产生阴阳，也就是本章说的，把道看作是产生运动的东西。

上述内容，可参看王夫之《周易外传·系辞上》第五章。

在这一章中，老子说：得到了母（道），就能认识它的子（万物）。认识了它的子，还须坚守这个母。这样就可以闭目塞听，不必再费力气，一辈子不遭祸殃。王夫之的议论，主要针对知子守母可免祸殃。

所谓产生运动的不光是气，就是说还有一个道。据老子的描述，道存在于天地之先，比天地还要长久，它没有痕迹，也不附丽于事物。那么，我还如何能够守住它，认识它？而且坚守的和认识的不一致，我要去认识万物，这边又必须坚守着道，我坚守着道，又必须去认识万物，顾此必然失彼。而且万物的产生，源源不断，机会飘忽即逝。按老子"道生一，一生二，二生三"的思想，就这么生下去，其中没有可以把握的、永恒的东西（常），但老子还说要暗中把握住那个常。这怎么可能呢？

其结果必然是只能处于道和万物的边上，守不住道，也认识不了万物。如果不想处在这个边上，还真想要坚守道，认识物，那么，用有限的精力，这样在道与万物之间跑来跑去，不可能避免祸殃。

五十三章

【原 文】

使我介然有知，行于大道，唯施是畏。大道甚夷，而民好径。朝甚除，田甚芜，仓甚虚。服文采，带利剑，厌饮食，资货有余，是谓盗竽，非道哉！疾周末文胜。

天下不胜知也。知而施之，则物之情状死于己之耳目，而耳目亦将死于情状矣。然则将去知乎？而知亦无容去也。有知者，有使我知者。知者自谓久知，而使我知者用其介然而已。知介然之靡常，则己无留好。己无留好，而天下不羡其留，虽施不足畏，而况于知？俄顷之光，而终身之据，已尚之物，亦从而尚之。莽、操之奉尧、舜为竿，黄巾、赤眉之奉汤、武为竿①，与阴阳之渗奉凝滞之冲气以为竿而盗其生②，等也。道之不可以介然行也，如斯夫！

【《老子衍》译文】

天下事是知不完的。有了一点知就贯彻实行，那么，事物的情况就要被耳目所断送，而耳目也要被事物的情况所断送了。这是不是说，要抛弃知呢？知是不应该抛弃的。有知者，也有使我知者。知者自以为早已知了，而使我知者却只是给了我一丁点儿罢了。知道这一丁点儿不是常，自己就不留下其中的好东西。好东西自己不留，天下人就不会羡慕。这样，就是贯彻实行也不必怕，更不必怕知。一闪即逝的光，却要终身保存，已经尊崇过的东西，又重新去尊崇。王莽、曹操把尧、舜当招牌，

---

① 尧把帝位让给舜，舜后来又让给禹，历史上叫"禅让"。王莽原为西汉大臣，后来逼迫汉帝退位，自称皇帝。曹操是东汉大臣，其子曹丕逼汉献帝退位自称皇帝，他们都自称效法尧、舜禅让，史书有记载。商汤和周武王用武力夺取天下，所以王夫之说黄巾、赤眉是拿汤、武作招牌。但史书中无此记载，当是王夫之杜撰。

② 此处指老子。老子说万物负阴而抱阳，是使阴阳不通，说冲气是一，且无限和谐，因而没有运动，所以是凝滞不动。冲气生物，老子却把功劳窃为己有，所以王夫之说老子是拿冲气作招牌盗取生物的名义。王夫之认为，这种欺世盗名，和王莽等窃国、反叛，性质是一样的。在王夫之眼里，王莽、曹操是逆臣，黄巾、赤眉是强盗。

黄巾、赤眉把汤、武当招牌，这和那使阴阳梗塞不通，却拿凝滞不动的冲气作招牌，并且盗用它们生育万物的名义之举，是一类的。道，之所以不能懂得一丁点儿就去贯彻实行，原因就在这里。

【解】

　　这一章讨论知与不知、知与行这个重要的认识论问题。
　　老子说，假若我只有一丁点儿知识，就去贯彻实行，那是很可怕的。
　　王夫之说，天下事知不完，有点知识就去照办，必然坏事。所谓物的情况被耳目断送，是说耳目不能完全认识物。说耳目被物的情况所断送，是说物没有全部给人看。不过，王夫之认为，知还是应该有的，只是还应知道这一点点知识不是全部；这样在实行的时候就不必害怕，更不必害怕知，怕的只是只知道一点点就抱住不放，并且贯彻实行，其结果是可能成为乱臣贼子。王莽、曹操等，就只知道尧、舜是禅让，大家也都只懂得一点点，认为他真的是学尧、舜，那就错了，他们并不知道尧、舜到底是怎么回事。同样道理，老子对阴阳啊，冲气啊，万物生成啊，也是只知道一点点罢了。

五十四章

【原文】

　　善建者不拔，吕吉甫曰：建之以常无有。[1]善抱者不脱，吕吉甫曰：抱神以静。[2]子孙祭祀不辍。修之于身，以善建善抱者修之。[3]其德乃真；修之于家，其德乃余；修之于乡，其德乃长；修之于邦，其德乃丰；修之于天下，其德乃普。故以身观身，以家观家，以乡观乡，以邦观邦，以天下观天下。吾何以知天下之然哉？以此。

　　以己与天下国家立，则分而为朋矣。彼朋建，则此朋拔；彼朋抱，则此朋脱。然而有道者，岂能强齐而并施之哉？事各有形，情各有状，因而观之，可以无争矣。而流动于情状之中，因其无可因，以使之自因者，所谓"知之以此"也。方且无身，而身何观？方且无乡、邦、天下，而我又何观？方且无之，故方且有之。析于所自然，而抟于所不得已，则匪特朋亡，而己物相见之真，液化脉函，固结以寿于无穷，是谓"死而不亡"。

【《老子纂注》译文】

[1] 吕惠卿说：建立起常、无、有。

[2] 吕惠卿说：抱持着神并且安静。
[3] 用那善于建立者所建立起来的东西，用那善于抱持者所抱持的东西来修身。

【《老子衍》译文】

把自己与天下国家相对立，那就分成了朋党。建立了那个朋党，就要拔掉这个朋党；抱住那个朋党，就要丢开这个朋党。然而得道的人，怎么能使它们整齐划一，不分朋党，用同一立场去对待它们呢？事物各有自己的情况，有所参照而去观察它们，就不会发生争执了。他在事物的情形、状态中漫游，想参照又无可参照，从而使事物自己参照自己，这就是所说的"知之以此"。身体都要没有了，还怎么能够去观察？家乡、国家、天下都要没有了，那我还观察什么？当他说"没有"的时候，正是因为它有。分开，是事物的自然存在；糅合，是根据事物的必然发展。这样不仅朋党消失了，而且我所看到的事物的真面目，就像融化在血液中，包含在血管里，永远牢固地连结在一起，这才叫作"死而不亡"。

【解】

老子说，善于建立的拔不掉，善于抱持的不脱落。又说，从个人的立场看个人，从家的立场看家，……从国家的立场看国家，等等。王夫之认为，把个人、家与一乡、一国或整个天下分割开来，对立起来，由于立场不同，在这里有所建立，必然使那里有所丧失，支持这一方，必然丢掉另一方，无法做到"善于建立的拔不掉，善于抱持的不脱落"。

在王夫之看来，个人、家、国家，等等，它们的区别是不能抹杀的，但可以参照某种标准，用统一的立场去对待它们那参差不齐的情况，这样就不会发生争执。

但是像老子那样，虽然在事物的情况中漫游，却没有什么可以参照，就只好让它们自己参照自己。这就是他说的"知之以此"，即这样来认识它们。孤立自己的对象，不在与其他事物的联系中去认识它们，这就不可能认识它们，或者说，只是错误的认识。

老子在第十三章中说过，我所以有大忧患，是因为我有身体，假如没有身体，还有什么忧患？所以王夫之说，你身体都要没有了，还怎么能从自身的立场观察自身？如果大家都没有身体，也不会有家、国、天下，还观察什么呢！

王夫之揭露说，老子之所以要它们无，正因为它们有。因为对于根本不存在的东西，是没必要让它们无的。

最后一段，是王夫之自己的思想。在他看来，无论是分，是合，都要实事求是，这样才能真正认识事物。

《老子》第二十三章说，"死而不亡者"才能长寿。"死而不亡者"指道。王夫之借此说明，只有实事求是地认识事物才是道，而老子所说的从个人立场看个人，从国家立场看国家，不是道。

五十五章

【原文】

含德之厚，比于赤子：毒虫不螫，猛兽不据，攫鸟不搏。骨弱筋柔而握固，未知牝牡之合而朘作，精之至也。终日号而不嗄，和之至也。繇斯以观，则人无日不精，无所不和。以此立教，犹有执堕地一声为本来面目者。[1]知和曰常，知常曰明，益生曰祥，求益其生，是为灾祥。[2]心使气曰强。气自精和，使之刚躁。[3]物壮则老，谓之不道，不道早已。

以一己受天下之无涯，不给矣。忧其不给，将奔心驰气，内争而外渝。然且立德以为德，吐为外景，而不知中之未有明也。含而比于赤子者，德不立德，德不立德，而取舍无迹，无迹则和。不立德以为德，则阴阳归一，阴阳归一则精。如是者，大富不贳，大劲不折，而犹有使气益生之患乎？故闭之户牖，无有六合；守之酣寝，无有风雷。至人无涯之化，赤子无情之效也。

【《老子纂注》译文】

[1] 由此看来，人们都是没有一天不精于道，没有一处不和

谐的。用这种说法教人，还有人会认为，只有生下后的第一声啼哭，才是人的本来面目。

[2] 追求过分的享受，就是祸患。

[3] 气本来非常和谐，心要驱使它，就会使它刚强、浮躁。

【《老子衍》译文】

用自己一个人的精力，去应付天下没完没了的事务，是顾不过来的。担心顾不过来，就费心劳力，内心充满矛盾，外面又变来变去。正要把建立功德作为自己的德行，使德行表现于外，却不知心中还是糊里糊涂的呢。若我含而不露，外表像个不懂事的婴儿，有德却不把德表现出来。不表现出来，爱憎取舍就没有痕迹，没有痕迹就是和谐。不把建立功德作为德行，那阴阳就归一，阴阳归一就到了"至精"的境界。假如这样，就是大富翁不要财产，大力士没有力气，还能有什么拼着力气、增益生命的忧患吗？所以关上门窗，就没有天地四方；自己睡死了，就没有风雷。这就是"至人"无穷无尽的化育，婴儿无情无知的效果。

【解】

据王夫之理解，老子主张，有道的人，有了德行，要含而不露，像个无情无知的婴儿。婴儿的小生殖器常常勃起，但他不是为了男女交合，因为他还不懂，是无意识的行为，这叫

"精之至"。有道的人如能这样，就是"精之至"。所谓精之至，就是对道的精通到了家。

王夫之推衍老子的意思说：个人精力有限，要办的事情无穷，顾不过来，就只好拼死拼活。这样虽然建功立德，但心里却糊里糊涂。有道的人不这样，他含而不露，行动不留痕迹，这样就到了最高的和谐。他不建功立德，当然也不去分辨事物。这样，阴阳（泛指男女、善恶、是非、美丑等一切差别）就都一样。都一样，没有差别，就可对道极端精通，就像婴儿勃起生殖器并非由于男女之别一样。

但这样一来，效果如何呢？王夫之说，有道者什么都不做，就像大富翁没有财产。没有财产算什么富翁，什么都不做算什么有道？这不过是把自己关进密室，以为天下的一切都不存在罢了。

五十六章

【原文】

知者不言，言者不知。非特不使人窥其喜怒，亦且使道无间于合离。[1]塞其兑，闭其门；挫其锐，解其纷；和其光，同其尘；是谓玄同。不可得而亲，不可得而疏；即之则大似不肖，违之又不出于此。[2]不可得而利，不可得而害；雨不能濡空使有生，日不能暵空使有热。[3] **不可得而贵，不可得而贱**；贵贱者，名也，繇贵有贱，无名则无贵而无贱。[4] **故为天下贵**。严君平曰：五味在口，五音在耳，如甘非甘，如苦非苦，如商非商，如羽非羽，而易牙①、师旷能别之。音味尚尔，况妙道乎？至人之游处，显则与万物共其本，晦则与虚无混其根，语默随时而不殊，卮言日出而应变，是以谓之玄同也。[5]

夫将同其所同，则亦异其所异。同者我贵之，而或贱之；异者我贱之，而或贵之。何也？以我之贵，知或之贱；以我之贱，知或之贵也。唯不犯物者，物亦不犯我。非不犯也，物固莫能犯之也。因而靡之，坐而老之，使明如列炬，暗如窮土，锐如干将②，纷如乱丝，一听其是非之无极，终不争同己以为贵，乃冒天下之上，以视天下短长之命。玄乎！玄乎！而何言之足建乎？

【《老子纂注》译文】

[1] 不但不让人猜到他的喜怒，也要使道不被合与离所间隔。
[2] 想亲近它，因为它广大，什么都不像，所以无法亲近；想疏远它，又逃不出它的范围，因而无法疏远。
[3] 雨不能使虚空润湿，从而生出草木；太阳不能使虚空晒干，从而使它变热。
[4] 贵、贱，是名称。由于有贵，所叫有贱。没有名称，就

---

① 易牙：古代善调味者。
② 干将：传说是古代铸剑家干将所铸的名剑。

会没有贵，也没有贱。

[5] 严遵说：五味一齐入嘴，五音一齐入耳，甜不甜，苦不苦，商不商，羽不羽，易牙、师旷能分辨它们。乐音和味道尚且如此，何况那非常奥妙的道呢？至人的行为，有所表现时，就和万物有共同的本性；需要隐蔽时，就和虚无混同一起。根据情况，他或是说话或是沉默，总是和大家一样，他不断说话，极合时宜，但都无所用心，以此来应付各种变化。因此叫作"玄同"。

【《老子衍》译文】

要赞同相同的意见，就一定要反对相异的意见。相同的意见我推崇它，不过别人也可能鄙视它。相异的意见我鄙视它，不过别人也可能推崇它。为什么呢？因为我推崇它，就知道有人要鄙视它；因为我鄙视它，就知道有人要推崇它。只有不冒犯事物的，事物也不冒犯我。并不是不冒犯，实在因为事物无法对我冒犯。借此使它们败倒在地，安坐而使它们老化垂死。听凭那明如火把成行，暗如窖土深藏，锋利如干将剑，纷乱如成团的丝的，都去争论那说不清、道不明的是非，我始终不参加争论，不去推崇那和自己相同的意见。于是我超然凌驾于天下之上，淡漠地看着那些或长或短的生命。玄啊！玄啊！还有什么话好说的呢？

【解】

　　老子主张，就是懂得也不说，使自己锋芒不露，光耀内含，超脱纠纷，混同尘垢，使天下人无法对他亲近或是疏远，支持或是反对。这样才能不受伤害，成为天下最尊贵的人。这种态度，老子叫它作"玄同"。王夫之的《衍》文，就是剖析老子这种态度，认为这是麻木不仁，对一切漠不关心。

五十七章

【原　文】

　　以正治国，以奇用兵，以无事取天下。吾何以知天下之然哉？天下多忌讳，而民弥贫；民多利器，国家滋昏；人多技巧，奇物滋起；法令滋章，盗贼多有。故圣人云：我无为而民自化，我好静而民自正，我无事而民自富，我无欲而民自朴。

　　天下有所不治，及其治之，非正不为功。以正正其不正，恶知正者之固将不正耶？故正必至于奇，而治国必至于用兵。夫无事者，正所正而我不治，则虽有欲为奇者，以无猜而自阻，我乃得坐而取之。彼多动多事者则不然，曰"治者物之当然，而用兵者我之不得已也"。方与天下共居其安平之富，而曰不得已，是谁诒之戚哉？故无名无器，无器无利，无利无巧，无巧则法无所试。故欲弭兵者先去治。

【《老子衍》译文】

天下事，不治理则已，要治理，不用正规的办法就不会成功。用正纠正那不正的东西，可哪里知道作为标准的正本来就是不正的呢？所以正必定导致奇，治国必定导致用兵。什么事也不做的，以事物自己的正为正，我则不去治理，虽然有想出风头闹事的人，因为大家并不互相猜疑，所以自己就闹不起来，我于是就可以坐收成功。那些好动多事的人不是这样。他们说，治理，是事物的必然要求，用兵，是我的不得已。正当要和天下人共享太平富足，却说什么不得已，这是谁丢给你的痛苦呢？所以没有名称就没有器物，没有器物就没有利益，没有利益就没有技巧，没有技巧就没有用武之地。所以想消灭战争首先要丢掉治理。

【解】

治理天下，一定要用正规、正派的办法。这也是王夫之的思想。不过有些正的标准本身就不正，所以必然导致用兵，也是王夫之的认识。

不做事的人，指老子。好动多事的人，也是王夫之所反对的。"没有名称就没有器物"，是老子思想的发展逻辑。结果是：要消灭战争，必须首先抛弃治理。这当然是荒谬的。

五十八章

【原文】

其政闷闷，其民淳淳；其政察察，其民缺缺。祸兮福所倚，福兮祸所伏。孰知其极？其无正邪？尝试周旋回翔于理数之交，而知其无正邪，彼察察然迓福而避祸者，则以为有正。[1]正复为奇，善复为妖。人之迷也，其日固久矣。是以圣人方而不割，廉而不刿，直而不肆，光而不耀。

果其无正耶？则圣人何不并方、廉、直、光而去之？去者必矫，今之矫，后之所矫也。弓之张也弣①外，则其弛也弣内。然则天下遂无一或可者与？圣人知其无正，则亦知其无奇，而常循其冲。"人之所畏，不敢不畏"②，则善人不能操名以相责。天下注目，我皆孩之③，则不善人不能立垒以来争。是故远割、刿、肆、耀之伤，而作方、廉、直、光之保，则气数④失其善妖，而奇正忘于名实。不然，避祸而求福于容，容

---

① 弣：弓把中部。
② 见《老子》二十章。
③ 见《老子》四十九章。
④ 气数：影响人命运的外部条件。

亦迷而速其妖尔。

【《老子纂注》译文】

[1] 假如你处在各种事物的法则和必然性所形成的漩涡里，就会知道没有一样是正常的。而那些极力想分辨清楚以便求福避祸的人，才以为有个正常的东西。

【《老子衍》译文】

当真没有正吗？那么圣人为何不连方正、清廉、爽直、荣光都抛弃了呢？抛弃什么，就是有所矫正。今天矫正的，将是以后被矫正的。弓张开以后翎向外，放松以后就向内。那么，天下就没有一样是对的吗？圣人知道天下没有正，也知道天下没有奇，他常走的路是空虚。"别人所怕的，我也不能不怕"，那么，善人就不能用某种名义来责备我。天下人都瞪起眼睛瞅着，我让他们都成为无知的婴儿，坏人也就不能搞名堂来和我相争。因此远离生硬、划伤、放肆、刺眼的伤害，保持我的方正、清廉、爽直、荣光。这样一来，气数也无所谓正常和反常，奇正也失去了他们的差别。如果不是这样，而是求助于容貌姿态，想以此来避祸得福，那么，容貌也不知如何才好，反而会加速那反常情况的到来。

【解】

这一章继续讨论奇正问题。

老子说，幸福紧靠着灾祸，灾祸埋藏着幸福。变来变去，不知道怎样才正确。但又说圣人方正、清廉等，可以避免灾祸。

王夫之说，虽然如此，难道真的就没有一个正确的、可以遵循的东西了吗？王夫之也看到，历史的发展有许多曲折，今天认为昨天的错了，去矫正它，明天又认为今天的错了，又去矫正那今天矫正过的东西。即或如此，难道就没有一件是对的吗？

据王夫之的理解，老子就是认为没有什么是正确的、正常的。但王夫之认为，不论多少曲折，总有个正确的、正常的东西存在着。

王夫之说，如果真的没个正确的东西，那老子你为何不连什么方正、清廉都去掉呢？

据老子以前的主张，要避免祸灾，就必须不分是非，没有主见，顺随大流，甚至，使天下人都愚昧无知。这样，世界上的一切，正常和反常，正确和错误的差别就都不存在了，我当然就可以避免灾祸了。可现在为什么又求助于容貌之类的外部表现，讲什么方正、清廉、爽直、荣光呢？王夫之说，如果求助于外部表现，那么，这些是不是正确也很难说，也会不知如何办才好，这就只会加速反常、灾祸的到来。

所谓今天矫正的，就是明天被矫正的，反映了王夫之对中国历史的一个基本看法。王夫之认为，治理国家，一弛一张是必要的。但他反对大张大弛。大张大弛，会弄得君无操守，民无遵循，使政治败坏。历史上此类事甚多，但不能因此就说没有一样是正确的。

五十九章

【原 文】

治人，事天，莫如啬。夫唯啬，是谓早服；早服谓之重积德；韩非曰：思虑静，故德不去；孔窍①虚，则和气日入。[1] 重积德，则无不克；无不克，则莫知其极；莫知其极，可以有国；有国之母，可以长久。是谓深根固柢、长生久视之道。

人之情无尽，取而治之，则不及情者多矣。天之数②无极，往而事之，则无可极者远矣。以其敝敝，从其浩浩，此冀彼之恩，而彼冀望此以为怨。怨不可以有国，而敝敝穷年，亦

---

① 孔窍：此指眼耳。
② 天之数：它的实际内容是自然界的必然性。但在神学家的意识中，形形色色天象的出现，都是天帝根据一定法则，甚至是根据数学法则决定的，所以叫"天数"。

根败柢枯，而其生不延。迨其不延，悔而思服，岂不晚与？守之圜中，鲜所治，鲜所事。情万而情情者一，数万而数数者并一不存。或疑其吝而不德，而不德之德，天人无所邀望于始，则亦无所怨恫于终。而批郤道窾，数给不穷者，宁有讫乎？故牡之触有穷，而牝之受无所止。重积德者，天下歆其受而归我，席虚以游天下，此有国之与长久，两难并者，而并之于此。并之于此，则岂有不并于此哉？

【《老子纂注》译文】

[1] 韩非说：思虑安静，所以德行不会失去。孔窍空虚，和气就会天天进入。

【《老子衍》译文】

人的欲望无穷尽，要治理它，那不能满足人要求的事就一定很多。天的数没有边，去侍奉它，那没法穷尽的东西多得很呢。用这样的疲惫不堪，追随那样的浩茫无边，我希望得到他的恩典，他却由于寄希望于我而抱怨。有抱怨就不可以治理国家，而一年到头疲惫不堪，身心交瘁，他的生命就不会长久了。等到他生命不长，后悔了，才想起服从啬俭的原则，不就太晚了吗？但是我守住道，很少去治理人情，也很少去侍奉天数。人情万变，而用来治理人情的只有一条；天数千千万万，而用来侍奉天数的连一条也没有。有人怀疑我吝啬而没有德行，但那不表现出德的德行，天和人一开始就没法对我寄托希望，在终了时也无法对我产生怨恨。于是一切顺利，不断供给需要而不匮乏，这难道会有穷结吗？雄性的发作本来是有限的，而雌性的接受却没有止境。那重视积德的人，天下都仰慕我，能接受从而归附于我，我就处于空虚的地位在天下漫游。治理国家和生命长久，这难以并存的两件事，却在这里并行不悖了。在这里并行，难道能不在这里并存并行吗？

【解】

老子说，治理人，事奉天，没有比啬俭更好的原则，并认为，如能及早服从这个原则，就是重视积德，而重视积德，不仅可以治国，而且可以生命长久。王夫之的《衍》文，讽刺老子之所以能把这两件事统一起来，不过是什么也不做罢了。

六十章

【原文】

治大国，若烹小鲜。以道莅天下，其鬼不神。非其鬼不神，其神不伤人。非其神不伤人，圣人亦不伤之。夫两不相伤，故德交归焉。

动天下之形，犹余其气；动天下之气，动无余矣。烹小鲜而挠之，未尝伤小鲜也，而气已伤矣。伤其气，气遂逆起而报之。夫天下有鬼神，操治乱于无形；吾身有鬼神，操生死于无形。杀机一动，龙蛇起陆，而生德戕焉。静则无，动则有，神则伤人，可畏哉！"载营魄抱一而不离"，与相保于水之未波。岂有以治天下哉？莅之而已。

【《老子衍》译文】

扰动事物的形体，它的气还保全着。扰动天下的气，那就再没有不被扰动的东西了。烹小鱼而经常搅动它，小鱼倒不一定被弄碎，它的气已经被伤害了。伤了它的气，气就要来报复你。天下有鬼神，在无形中掌握着治乱；我身体内有鬼神，在无形中掌握着生死。厮杀的念头一动，大地上就要燃起战火，生生之德就要受到伤害。这种事，安静就没有，动就有，鬼神就要伤人，可怕啊！我让"身体载着灵魂，抱一而不分离"，和天下一起保全于风波未起。难道是要用什么办法去治理天下吗？不过只是莅临罢了。

【解】

气，在这里指人或高级动物的感情，至今我们还把惹某人或某动物发怒叫"惹……生气"。所谓伤天下之气，就是说伤了天下人的感情，那么人们的感情也会起来报复你。鬼神，指的也是气的功能。张载《正蒙》说："鬼神者，二气之良能也"。(《正蒙·太和篇》) 王夫之继承这个思想，把鬼神看作阴阳二气的功能。伤了气，而鬼神，这气的功能，就必然做出反应。每个人都有形体，有气，有鬼神。我有，别人也有，天下人都有就是天下的鬼神。老子说，用道莅临天下，天下的鬼神就不会伤人。照王夫之的理解，这就是因为老子无为，不去触动人们的气（感情）。

王夫之说，伤害他的形体，还不一定伤害他的感情，伤了他的感情，那就无所不伤了；伤了人的感情，就会遭到报复；一念之差，就可能遍地燃起战火，这多么可怕啊！所以老子才抱住他的道不放，压根儿就什么都不做，以防患于未然。而且，老子说的是用道"莅临"天下。王夫之说，老子在谈论治国，说什么"治大国像烹小鱼"，实际上他并不去治理，不过仅是"莅临"罢了。

"厮杀的念头一动，大地上就要燃起战火"，语出《阴符经》"杀机一动，龙蛇起陆"。在王夫之看来，《阴符经》是一本阴谋诡计集，这些阴谋诡计，乃是老子思想的必然发展。

六十一章

【原 文】

大国者下流，天下之交，天下之牝。牝常以静胜牡，以静为下。静以居下，厚德载物。[1]故大国以下小国，则取小国；小国以下大国，则取大国。故或下以取，或下而取。大国不过欲兼畜人，小国不过欲入事人。夫两者各得其所欲，故大者宜为下。

道莫妙于受。受而动，是名受而实不受也；欲受而动，是实受而名不受也。天下相报以实，而相争以名。阴阳之于人固然，况人事乎？语其极，则欲"兼畜人"，非能畜人；欲"入事人"，非能事人。何也？实元动也，况欲之而又不能静乎？愈大则愈可受。人能为阴阳之归，其处下尤甚。静其欲，静其动，江海之所以为百谷王也。

【《老子纂注》译文】

[1] 安静的处于下位，德行敦厚，承载一切事物。

【《老子衍》译文】

　　道的妙处莫过于接受。接受了，还要去行动，那是名义上接受而实际不接受；为了接受而去行动，是实际上接受而名义上不接受。天下人实际上都在相互回报，所竞争的只是那个名义。阴阳对于人尚且如此，何况人事本身呢？说到底，想养育别人的，不能养育别人；想事奉别人的，不能事奉别人。为什么呢？那个实际的东西压根儿就没停止运动。何况又欲火中烧而不能安静呢？愈大，就愈有条件接受。人能作为阴阳的归宿，他就是处在下流也最为厉害。使他的欲望安静下来，使他的行动也安静下来，江海就因此成了百谷之王。

【解】

老子说，雌性经常因自己的安静而战胜雄性，所以，在国家交往中安静、谦下，就能战胜对方。他认为大国更应该这样。但他又说大国的欲望是养育别人，小国的欲望是奉承别人。王夫之的《衍》文，揭露了老子主张在名义和实际上的矛盾。

王夫之说：老子的道，最奥妙的地方是像雌性动物一样，能受（接受、忍受、容受）。接受是被动行为，如果还要有行动，比如做出谦下的姿态，那就仅在名义上是接受，在实际上却不是接受。老子主张要做出某种姿态，这实际上并不是什么接受。

王夫之又说：天下的事物，实际上都在互相回报：报仇、报恩。所争的，只是那个名义。所谓养育别人，奉承别人，都只是个名义。实际上，他们都在积极行动，况且他们都欲火中烧（如大国想取得小国的信任，小国想取得大国的信任），而并不能安静呢。

因此，老子所主张的安静、守雌之道，如果不是不可能，就是一种假象。他的目的，不过是以此为手段来统治一切，就像江海以自己的善于谦下而做了百谷之王。

六十二章

【原文】

道者，万物之奥，善人之宝，不善人之所保。美言可以市，尊行可以加人。不善人保之，善所以贵。然可市而不市，可加而不加，斯乃为奥。[1] 人之不善，何弃之有？故立天子，置三公，虽有拱璧以先驷马，不如坐进此道。古之所以贵此道者何，不曰求以得，有罪以免耶？故为天下贵。

繇此验之，则有道者不必无求，而亦未尝讳罪耶？无求则亢，讳罪则易污，有道者不处。天下皆在道之中，善不善者其化迹，而道其橐籥。是故无所择，而聊以之深其息。知有所择也，是天子三公之为贵，而拱璧①驷马②之为文矣，岂道也哉？时有所求，终不怀宝以自封；或欲免罪，终不失保以孤立。和是非而休之以天钧，天下皆同乎道，而孰能贱之？

【《老子纂注》译文】

[1] 不善人保持它，善因此而显得宝贵。不过可以买到的不去买，可以强加的不强加，这才是深奥。

【《老子衍》译文】

由此看来，有道的人不必无所求，也不必忌讳去犯罪吗？无所求就会高傲，忌讳犯罪易被染污，有道的人不这么干。天下都在道中，善和恶都是道化育的痕迹，道是产生它们的橐籥。所以无所选择，姑且以此来修身养性吧。假如有所选择，就会认为皇帝、公侯高贵，并用拱璧、驷马作为装饰，这哪里是道呢？我有所需求的时候，我也不会把宝贝永远藏起来。或者想要免罪，但我怎么也不会丢掉这个护身符而使自己孤立。不要分什么是非，让我们在万物的不断流转中去随波逐流吧。天下都和道一样，谁还能瞧不起谁呢？

---

① 拱璧：圆镜形，中有圆孔的玉，古代贵重礼品。
② 驷马：四匹马驾的车，古代只有天子、大臣才能乘坐。

【解】

老子说，道是善人的宝贝，不善人也要保持它，道的作用，就是能使人有求而得，有罪能免。王夫之说，这就是说有道的人不必无所求，也不必忌讳犯罪了吗？这是王夫之所鄙视的，也与老子前面主张相抵触。而且，如果好人、坏人都把道当作宝贝，那道岂不是不分善恶，不讲是非了吗？这里，又碰到了道的普遍性和神圣性的矛盾。到头来，有道的人只能是不分是非、不择善恶地混日子。

六十三章

【原文】

为无为，事无事，味无味。大小，多少，<small>吕吉甫曰：归于无物，故可以大，可以小，可以多，可以少。</small>[1]报怨以德。图难于其易，为大于其细。天下难事，必作于易；天下大事，必作于细。是以圣人终不为大，故能成其大。夫轻诺必寡信，多易必多难，是以圣人犹难之，故终无难。

愤兴长养者，人之所见大也。恩怨醨酢者，人之所见难也。秋脱之叶，春之所荣；重云之屯，雨之所消。非果为大而为难，审矣。道其犹水乎？微出于险，昌流非盈。盈，循末而见其盈，不知其始之有以持之也。如是，则圣人劳矣乎。而能不劳者，托于无也。无大则若细，无易则若难，保其无而无往不得。所难者，保无而已矣。

【《老子纂注》译文】

[1] 吕惠卿说：道归根到底是个无，所以它可大可小，可多可少。

【《老子衍》译文】

长期积累后的爆发，人们看见了宏大。在来往应酬中就产生恩怨，人们看到了艰难。秋天的落叶，是春天发出的小芽；重云密集，一场雨就会消散。（由此看来，长期积累的）未必就宏大，（积重）也未必难返，这是非常明白的了。道就像水吗？出于险要，非常微弱，流动不息，而不充满。充满，是在它流到终点所看到的，却不知它在开始时是有所坚持的。假如这样，那圣人就要劳苦了。能使他不劳苦的，只有依靠无了。不做大事，好像他在做小事。不认为容易，好像他认为一切都难。保住这个无，到哪里都能得意。困难的，只是保住这个无罢了。

【解】

老子主张无为。又说，干大事要从小事开始，干难事要从容易开始。无为，就是不做大事。不做大事，据王夫之推论，就是做小事，这才能与他的干大事必从小事开始相一致。其目的，是要成为伟大。老子还说，把事情看得太容易，一定会碰到困难，圣人把事事都看得很难，所以没有困难。

王夫之说：长期积累后的爆发，人们看见了大，其实未必都如此。比如春芽长期积累，不过是秋天的一片落叶。天下事未必都要看得很难，就如重云密集也可一朝消散。因此，小事积累未必就是大事，把事情看得容易也未尝不可。

老子把道比作水。水初出山峦，很微小，汇入江海，很伟大。王夫之说，圣人假如真的像水那样，从小处、从易处做起，千曲百折而不停息，直到最后成为伟大，那将多么劳累啊！老子的道果然如此吗？

不，圣人不会劳苦，因为他无为。无为，不做大事，好像他在做小事。无为，他不认为容易，好像他认为难。其实他根本不做，也没有"认为"。保住这个无，似乎他在从小事做起，他认为一切都难，因而也就可以到处得意了。

不过，王夫之说，最困难的，还是保住这个无！因为老子一面主张无为，一面又说要从小事做起。

六十四章

【原 文】

其安易持，其未兆易谋，其脆易判，其微易散。道自有此四几。[1]为之于未有，治之于未乱。合抱之木，生于毫末；九层之台，起于累土；千里之行，始于足下。既合抱而仍有毫末，既九层而仍资累土，虽千里而不过足下。[2]为者败之，执者失之。苏子繇曰：与祸争胜，与福生赘，是以祸不救而福不成。[3]是以圣人无为，故无败；无执，故无失。民之从事，常于几成而败之。慎终如始，则无败事。是以圣人欲不欲，不贵难得之货，学不学，复众人之所过，刘仲平①曰：欲众人之所不欲，不欲众人之所欲；学众人之所不学，不学众人之所学。复其过矣。[4]以恃万物之自然而不敢为。

夫有道者，不为吉先，不为福赘。未有未乱而逆治，其事近迎。几成而慎有余，其事近随。迎随之非道，久矣。非以其数数于往来而中敝耶？孰知夫往者之方来，而来者之方往也！又孰知夫往者之未尝往，而来者之未尝来也！戒其随，始若迎之；戒其迎，始若随之。又孰知夫迎随之可避，而避迎随之亦

---

① 刘仲平：即刘概，字仲平，宋朝人，著有《老子注》。

可戒也？或敞或避，因物者也。兼而戒之，从事其易者，因道者也。因物者不常，因道者致一。一无所倚，迎几"早服"，此以恃万物之自然而不为。

【《老子纂注》译文】

[1] 道本身潜藏着这四种性质。

[2] 已经长成的大树仍然有微小的萌芽。九层的高台，还必须借助泥土。虽然走了千里，（那地方）仍在自己的脚下。

[3] 苏辙说：对于灾祸，想战胜它；对于幸福，要增加它。所以灾祸才无法避免，幸福也无法得到。

[4] 刘概说：大家不想要的他偏要，大家都要的他不要；大家不想学的他偏学，大家都想学的他不学。这就弥补了大家的过失。

【《老子衍》译文】

有道的人，见到好事不争先，把追求幸福当累赘。事还没出来，天下还没大乱，就去谋划如何治理，这样做，近乎逢迎。快成功了，对收尾的工作特别慎重，这样做，近乎追随。逢迎和追随都不是道，由来很久了。这还不是因为他总在算计事物是往是来而弄得疲劳不堪吗？谁知道那往的就要来，而来的就要往呢！又怎知道那往的并不曾往，而来的也并不曾来呢！警惕着不要追随，又好像是逢迎；警惕着不要逢迎，又好像是追随。又哪里知道逢迎和追随都可避免，而对逢迎和追随的避免也是可警惕的呢！无论是弄得疲劳不堪，还是去避免逢迎和追随，他的着眼点，只在事物身上。我警惕着这一切，专拣那容易的事做，这个着眼点是道。着眼于物不会长久，着眼于道可导致守一。一无所倚赖，事物刚露苗头而去逢迎就可以及早服从道，这用的是依赖万物的自然变化而不加干涉。

【解】

这一章，老子又出现了和上一章同样的矛盾。他一面说无为，依赖万物的自然变化；一面又讲"慎终如始"，在事物的苗头未露时就要及早治理。王夫之的《衍》文就是要指出，老子你不是早已说过这样做不是道吗，为啥又如此主张呢？

奥妙何在呢？老子说："反者道之动。"据王夫之的理解，这是说事物的运动是随往随来，随来随往。既然如此，也就等于未来未往。如局限于事物的具体情况，一定会疲于奔命。

最根本的办法，就是着眼点不放在物上，而要放在道上。着眼于道，就是听其自然而不加干涉。转了一圈，什么"慎终如始"，什么及早治理，却原来不过是无为之道。

六十五章

【原文】

古之善为道者，非以明民，将以愚之。民之难治，以其智多。故以智治国，国之贼；不以智治国，国之福。知此两者，亦楷式。能知楷式，是谓玄德。玄德深矣，远矣，与物反矣，反乃至于大顺。吕吉甫曰：与物反本，无所于逆。[1]

顺之则与天下相生，反之则与吾相守。生者，生智，生不智；生福，生祸；生德，生贼。莫必其生，而顺亦不长也。守者，吾守吾，天下守天下，而不相诏也。夫道之使有是天下也，天下不吾，而吾不天下，久矣楷式如斯，而未有易也。仿其楷，多其甕缶而土裂于邱；学其式，多其觚豆而木落于山。天下其为我之甕缶与其觚豆乎？彼且不甘而怨贼起矣。物欲出生，我止其芽，则天下全其膏润。心欲出生，我止其几，则魂魄全其常明。非故愚之也，以明者非其明也。

【《老子纂注》译文】

[1] 吕惠卿说：和物一起返回它的根本，（这样做）什么地方都不是逆（而是顺）。

【《老子衍》译文】

顺应，就要和天下一起生养化育；和事物一起返本归宗，就自己保守自己。生养化育，可能生智，也可能生不智；可能生福，也可能生祸；可能生德，也可能生害。不能保证一定生什么不生什么，所以顺应也不会长久。保守的，我自己保守自己，天下保守天下，彼此音信不通。道生出了这个天下，但天下不是道，道也不是天下，二者互不相干。时间长了，就成为这样一种模式，并且不再变化。按照这个模式，多做了瓦缸瓦盆，小丘上的土就要减少；多做了酒杯菜盘，山上的树木就要被砍伐。天下难道是我的瓦缸瓦盆和酒杯菜盘吗？它们一定会由于不满意而怨恨、贼害。事物要出生，我阻止它发芽，天下就保全了它的营养不致丧失。心要想什么，我不让它萌动，魂魄就保全了它永恒的光明。并非要故意使大家愚蠢，因为那所谓的明白并不是真正的明白。

【解】

老子说：那善于为道的人，从来不是让老百姓明白，而是让他们愚蠢。因为老百姓之所以难统治，就是他们智慧太多。知道了这一点，并奉为楷模，就是最深远的德。这种德，就是返本归宗。返本归宗，也是最大的顺应。

王夫之说：顺应，就要和天下的事物一起，产生点什么。但产生的事物有好有坏，难以尽如人意。所以顺应就不会长久，因为不能顺应坏事。而返本归宗，则道是道，天下是天下，也互不相干，也互不通气，并且要把这种情况奉为楷模。

王夫之说：假如果然是这个模式，那么，就像做了瓦盆，山上就少了土一样，生了天下的事物，道就受到损失。更有甚者，瓦盆瓦缸是无情之物，不会惹是生非，但天下的百姓可不是瓦缸瓦盆，那是一定要惹是生非的。所以，根本的办法，是阻止一切事物的发生，这样不仅可以使道得以保全而不损失，也避免了一切是非斗争。

对于治天下来说，不让任何事情发生，只有使老百姓愚昧无知。我不用道去教他们聪明，我的道就保全了。老百姓愚昧，也不会生事。我这样做，并非要故意让他们愚蠢，而是他们那所谓的明白，并不是真正的明白。我的办法，才是使他们真正明白。他们的愚昧，乃是国家的幸福。

王夫之认为，上述这些，就是老子思想发展的逻辑。

六十六章

【原文】

江海所以能为百谷王者，以其善下之，故能为百谷王。是以圣人欲上人，以其言下之；欲先人，以其身后之。是以处上而人不重，人不重，重仍在己也。凡上轻下重，处上而不以重授人，唯圣人为然。[1]处前而人不能害，是以天下乐推而不厌。以其不争，故天下莫能与之争。

未易下，尤未易善下，故天下之为江海者鲜矣。将欲抑之，而激之必亢；将欲浚之，而只以不平。而不但此也。独立而为物所归，则积之必厚。积厚而无所输，则欲抑之浚之而不能。故唯江海者，善下者也。江则有海，海则有尾闾①。圣人有善，则过而不留。受天下之归而自不餍，天下亦孰得而厌之？故返息于踵，返踵于天②，照之以自然，而推移其宿气③，乃入于"寥天一④"。

【《老子纂注》译文】

[1] 人们不感到沉重，厚重就仍然属于自己。凡是上面轻而下面重，处于上位而不以沉重压别人，只有圣人才能做到。

---

① 尾闾：传说中海水所归的地方，见《庄子·秋水》。
② 气功家认为深呼吸可达腹部。到脚跟，就更深。此处比喻得道，道行很深。原文见《庄子·大宗师》："真人之息以踵。"
③ 宿气：即夜气，指不被白天的浊乱世务所染杂的清明之气。语出《孟子·告子》。
④ 寥天一：语出《庄子·大宗师》，指极端静寂，不染世务的天人合一境界。

【《老子衍》译文】

不容易做到处于下游,特别不易做到善于处于下游,所以天下做江海的人太少了。将要抑制它,太厉害了反而会使它亢奋;将要疏通它,却只会增加不平。不仅如此,孤身独处作为物的归宿,积累起来必然很厚。积累很厚而没有地方输出,那时你想抑制它、疏通它,就都不可能。所以只有江海,是善于处在下游的。江有海可以泄洪,海有尾闾可以输出。对于圣人来说,有了好的东西,就让它过去而不保留。接受天下的归附而不厌多,天下人哪里还能讨厌他呢?所以圣人使呼吸的气息一直到达脚跟,然后使它返回天上,一切听其自然,只让"宿气"往来,于是在寂寥中与天合一。

【解】

老子说:江海善于处在下游,所以成了河流之王。圣人也是这样,他善于处在下游,不与人们竞争,所以大家都尊重他,服从他。

王夫之说:处在下游不容易,更不用说善于处在下游。要能如此,必须也像江海那样,有个排泄的地方。圣人大约就是这样,不管是好的,还是坏的,他都过而不留,不放在心上。这大约就是那得道的境界吧。

六十七章

【原 文】

天下皆谓我道大，似不肖。夫唯大，故似不肖，若肖，久矣其细也夫！我有三宝，宝而持之：一曰慈，二曰俭，三曰不敢为天下先。夫慈，故能勇；俭，故能广；不敢为天下先，故能成器长。今舍其慈且勇，舍其俭且广，舍其后且先，死矣。夫慈，以战则胜，以守则固。天将救之，以慈卫之。

曰蚕肖蠋，不能谓蠋之即蚕也。曰蚕肖蚕，不能谓此蚕之即彼蚕也。求名不得，而举其肖，然且不可，况欲执我以求肖乎？终日慈，而非以肖仁；终日俭，而非以肖礼；终日后，而非以肖智。善无近名，名固不可得而近矣。无已，远其刑而居于无迹，犹贤于肖迹以失真乎！不然，"天将救之，以慈卫之"。苻坚①不忍于慕容，而不救其死，非以其求肖也哉？

---

① 苻坚：前秦国的君主。慕容垂别有用心，力劝他攻打东晋，招致全军覆没。苻坚为表示他的"仁爱"，不杀慕容垂，姑息养奸。后来，慕容垂壮大起来，建立后燕国，苻坚的前秦国却灭亡了。

【《老子衍》译文】

说蚕像蠋（一样像蚕的青虫），但不能说蚕就是蠋。说蚕像蚕，但不能说这只蚕就是那只蚕。找不到名字，就举出和它相像的尚且不可以，况且想拿我自己的东西，希望它和道相像，这怎么可能呢？整天慈柔，并不是要像仁；整天啬俭，并不是要像礼；干什么都落在后头，并不是要像智。说什么为善不求好名声，因为他本来就离那个名远得很。不得已，为避免祸害就处于没有痕迹的地步，也比那只求表面相像而失真的要好一些。假如不是这样，以为"天要拯救谁，就用慈柔来保卫谁"，可那苻坚不忍杀慕容垂，也挽救不了自己的灭亡，不就是因为他寻求相像的缘故吗？

【解】

老子说，道广大，不像任何具体的东西。又说他有三件宝贝：慈柔、啬俭、不敢走在天下人前面。

王夫之说，是的，道不和任何东西相像，老子慈柔、啬俭等等，并不是用来求相像于仁义礼智的。仁义礼智是名，就是说，老子不是以此求名。不过，王夫之说，不在于你是不是要以此来求名，来寻求和仁义礼智相像，实则你这几条离那仁义礼智的名还远得很呢！

知道这些不是仁义礼智，也不去追求那仁义礼智之名，甘居于露痕迹的地位，可能要好些。这也就是如庄子说的"行善要不至于出名，作恶要不至于受刑"。老子也就是这样做的。

可怕的是追求表面相像，搞些似是而非的东西。比如把慈柔（实则是优柔寡断）当作仁爱，像苻坚对慕容垂那样，不仅救不了谁，反而可能促成他的灭亡。

这也证明了，天用慈柔来拯救谁是拯救不了的，老子用的药方是无用的。

六十八章

【原　文】

善为士者不武，善战者不怒，善胜敌者不争，善用人者为之下。是谓不争之德，是谓用人之力，是谓配天，古之极。

避杀者不可为，犹之乐杀者不可长也。或以有所乐，或以有所避，皆谓生杀之在己而操纵之，是谓窃天①。不致其乐，避于何庸？故"以正治国"者②，将以弭兵而兵愈起；"善为

---

① 窃天：贪天之功（过）为己有的意思。
② "以正治国"者：指老子。

士"者①，可以用兵而兵不伤。知天之化迹，有露雷而无喜怒；知古之"楷式"，有消长而无杀生。有道者之善用人，岂立我以用人哉？人已然而因用之也。

【《老子衍》译文】

逃避杀人的事不可做，就像喜欢杀人的事不可长一样。喜欢杀人或许有什么原因，逃避杀人或许有什么原因，这都是以为自己操纵着生杀大权，这就叫"窃天"。杀人不是为了取乐，哪里用得着逃避？所以用"正规办法治国"的人，想消除战争反使战争更加厉害；"善于作士"的人，可以用兵，但不会给社会造成伤害。（我们）知道天化育万物所留下的痕迹，只有甘露风雷而没有喜怒哀乐；（我们）知道那从古以来的楷式，是事物有消有长但没有谁去杀它、生它。有道的人善于利用别人，难道是按我的要求去利用他们吗？不过是按照他们的既成状态去利用罢了。

【解】

老子说，善于作士的人不逞勇武，善于作战的不发怒等，并说这是借助别人的力量，还说这种做法，叫作"配天"。

王夫之说：我喜欢做什么（比如杀人），或避免做什么

---

① "善为士"者：指老子。

(比如不杀人），其思想根源都是一个，即认为自己决定着事物的命运。老子说什么不这样，不那样，就是认为一切决定于自己。这不叫"配天"，而叫"窃天"。

王夫之说：如果自己不是乐于干什么，也用不着逃避什么。战争也用不着逃避。如果凭自己意志行事，想消灭战争反而加剧战争。该用兵的时候就用兵，也不会危害社会。

王夫之还说：天没有意志，天用甘露和风雷化育万物，并非有什么喜怒。人要配天，只能这样行事。他对待万物，利用别人，根据的是人家的本来状况，而不是我的意志——想做什么，不想做什么，等等。

六十九章

【原文】

用兵有言：吾不敢为主而为客，不敢进寸而退尺。是谓行无行，户刚切。[1]攘无臂，仍无敌，执无兵。祸莫大于轻敌，轻敌几丧吾宝。故抗兵相加，哀者胜矣。道之于天下，莫不然者，而战其一。[2]

居道之宫，非主非客。乘道之机，亦进亦退。而主不知客，客能知主。繇其相知，因以测非主非客之用。进无退地，退有进地，因其余地，遂以袭亦进亦退之妙。主客之间有宫焉，进退之外有用焉。"无行""无臂""无敌""无兵"者如斯也。远死地而致"微明"，不胜其何俟焉？欲猝得此机而不能，将如之何？无亦姑反其势而用其情乎！以"哀"行其不得已，所以敛吾怒而不丧吾"三宝"也。

【《老子纂注》译文】

[1] 行，户刚切。（此处"行"字读音为户刚切。）
[2] 道存在于天下，没有不是哀者胜的，战争不过是其中之一。

【《老子衍》译文】

　　住在道的家里，不是主也不是客。随着道的机变运动，也前进也后退。主方不了解客方，客方却了解主方。由于他能了解，就能据以谋划那不是主也不是客的作用。前进，就没有后退的余地；后退，却有前进的余地。借着这个余地，就能取得可前进、可后退的妙处。在主客之间还有余地，进退之外仍有妙用。那"不是摆阵势""不举膊臂""没有敌人""没有兵器"的说法，就是这种特殊的态势、特殊的作用。想远离死地而使用我那一点点聪明，不是为了胜利，又是为了等待什么呢？想立即得到胜利的机会又不可能，那将怎么办呢？没有办法，就只好丢开这种态势而使用情感！用悲哀来实现我这种不得已的情感，这是为了抑制我的愤怒，并且不丧失我的三件宝贝。

【解】

老子认为，要打仗，自己不要做主方，而要做客方；不要前进一寸，而要退后一尺；不摆阵势，不发怒奋臂，不见敌人，不拿兵器；等等。他还认为双方交兵，显示悲哀的一方能取得胜利。

王夫之说：道是普遍存在的。用于作战，就不分主方客方、前进后退。都是道，为什么又主张只做客方，只讲后退？这不自相矛盾吗？

王夫之分析老子的思想是：因为做客方、讲后退，使自己有回旋的余地，因而可以去达到那非主非客、不进不退的境界，也就是道的境界。

因此，依照老子的思想推来，在主方和客方之外，还有第三种态势。在前进和后退之外，还有第三种行动方案。这就是那非主非客、不进不退，不摆阵势、不发怒奋臂等的境界。

追求这种境界，是为了远离死地，为了取胜。但这种机会太难得了，不易捕捉。怎么办呢？只好求助于情感，用悲哀来取胜。这就暴露了老子整个说法的无用。

老子说，圣人用兵，是"不得已"（三十一章），说"善于作战的不发怒"（六十八章），说他有"三件宝贝"，即慈柔、啬俭、不敢走在天下人前面（六十七章）。王夫之最后两句，就是对老子这些说法的讽刺。

七十章

【原 文】

吾言甚易知，甚易行，天下莫能知，莫能行。言有宗，事有君。夫唯无知，物之自然，非我言之，非我事之，我亦繇焉而不知。[1]是以不我知也。知我者希，则我贵矣。是以圣人披褐怀玉。

大喧生于大寂，大生肇于无生。乘其喧而和之，不胜和也；逐其化而育之，不胜育也。唇吹竽，则指不能拊瑟；仰承蝉，则俯不能掇蟦。故天下之言，为唇为指，天下之事，为承为掇。逐逐其难而终不遇，乃枵然以自侈其知之多，岂有能知我者哉？我之自居于"希"也，天下能勿"希"乎？故大谷无纤音，而大化无乳字。谢其喧而不敏于化，盖披褐以乐居其易，而怀玉以潜袭其"希"也。

【《老子纂注》译文】

[1] 事物的本来状况，不是由于我说，不是由于我做，我也只是顺着它而不去知它。

【《老子衍》译文】

极端嘈杂产生于极端寂静，繁盛的生命开始于没生命。跟着嘈杂的声音一个一个去应和，那是和不过来的；追随天地所生的东西一个一个地去抚养它，那是养不过来的。嘴里吹竽，指头就不能抚瑟；仰脸捕蝉，就不能低头捉蛴螬。所以天下的言论，就像嘴唇和手指的关系；天下的事，就像捕蝉和捉蛴螬的关系。忙忙碌碌去追随这些难事，最后却一事无成，腹内空空，还自夸知之甚多，这种人，难道能够了解我吗？我自居于稀的地位，天下人能不寄希望于我吗？所以，大的山谷没有一点声音，大的化育并不结婚生子。谢绝了嘈杂，也不积极去化育，这就是穿着破衣，只愿做那容易的事，怀抱着珠玉，暗中取得了这个稀少的地位。

【解】

老子说，他自己的言论容易了解，也容易实行，但人们都不了解他。他还说，了解我的人少，正说明我尊贵，圣人们都像是穿着破衣，而怀里却抱着珠玉。

王夫之说，所谓容易了解、容易实行，不过是什么都不做罢了；因为天下事繁杂，要做起来，难免顾此失彼，所以干脆不做。

最后几句是讽刺老子想用这种态度去取得稀少、尊贵的地位。

七十一章

【原 文】

知，不知，上；不知，知，病。夫唯病病，是以不病。圣人之不病也，以其病病，是以不病。

府天下以劳我，唯其知我；官我以割天下，唯其知天下。夫岂特天下之不胜知，而知者，亦将倚畔际而失迁流。故圣人，于牛忘耗，于马忘驾，于原忘田，于材忘器，闷闷于己而不见其府，闷闷于天下而无以为官。若夫制万族之宇而效百骸之位，已有前我，而市其余知者，方斅之以为劳，而苦其多遗。沉浮新知，以遁故器，而曾莫之病乎？

【《老子衍》译文】

把整个天下都交给我操劳，只有了解我才行；让我为官长主宰天下，只有我了解天下才行。然而不仅天下的事情不胜其知，去认识的人，也往往只能看到一点点暂时的情况而忽视了它的发展变化。所以圣人对于牛，会忘记可以使它耕田；对于马，会忘记可以使它驾车；在原野上会忘记打猎；见了木料会忘了把它做成器具。自己糊里糊涂的，看不见天下，天下也糊糊涂涂地不知该让谁主宰。统治这千家万户的天下，就像头脑指挥四肢，在我以前已经有人做到了。他们拣起那过时的知识，想学习这些知识以便治理天下，又苦于多所疏漏（于是就放弃学习）。使新知识随意沉浮，让旧事物白白过去，为什么不感到遗憾呢？

【解】

老子认为，使我和天下互不了解，最好，互相了解，就不好，而圣人是厌恶互相了解的。

王夫之说：是的，假如天下了解我，就会把天下让我操劳；假如我了解天下，我也会去做天下的官长。总之是不得安宁。况且天下事多得难以全部认识，我的精力又有限，要学习已往行之有效的知识，又往往疏漏太多。所以干脆使彼此都糊里糊涂，或许会好一些，不会使人由于顾此失彼而遗憾和苦恼。

但是，王夫之说，你这样做，既得不到新知识，又丢掉了旧知识，对此，为什么就不遗憾和苦恼呢？

七十二章

【原文】

民不畏威，则大威至矣。李息斋曰：民不畏威，非天下兼忘我者不能。[1]无狭其所居，无厌其所生。夫唯不厌，是以不厌。是以圣人自知，不自见；自爱，不自贵。故去彼取此。

侈于有者穷于无，填其虚者增其实，将举手流目而无往非狭也，亦举手流目而无往非厌也。有居者，有居居者；有生者，有生生者。居居者浃于居之里，洞洞盘旋，广于天地。生生者保其生之和，婉嬺萧散，乐于春台。而自弃其乐，自塞其广，悲哉！屏营终夕，不自聊而求助于"威"也。是故去见则不广而广，去贵则乐不以乐，日游于澹远，以释无穷，恢乎有余，充乎有适。忘天下而不为累，天下亦将忘之。盖居居而生生者，天下之固有也，而我奚"见"而奚"贵"乎？

【《老子纂注》译文】

[1] 李息斋说：使人民不怕威压，如果不能让天下都忘掉我，是做不到这一点的。

【《老子衍》译文】

使有增多，就会使无穷竭；填塞了虚，就增加了实。这样一来，抬手动脚，就会觉得无处不狭窄；睁眼闭眼，没有一样不讨厌。有房子，也有无房子的；有事物，也有这些事物的产生者。住房子的如果适应了房子里的一切，就会无拘无束，左盘右旋，觉得比天地还要广阔。事物的产生者如能保持用以生物的和气，就会轻柔飘洒，比登高春游还快乐。自己抛弃了这个快乐，堵塞了这个广阔，可悲啊！终日闭门盘算，无聊赖就要求助威力了。所以抛弃自我表现，不广阔的地方也觉得广阔；抛弃自居高贵，就不会以常人的快乐为快乐。终日在淡泊高远的境界里漫游，以解脱那无穷无尽的拖累。广阔啊，觉得有充分的余地。充实啊，处处都很得意。忘却了天下而不被拖累，天下也将把我忘记。那住房子的、产生事物的，是天下固有的东西，我又何必去表现，何必去求尊贵呢？

【解】

这一章中，老子把人的处事比作住房子。如果追求实有，就必然碰到障碍，因而感到活动的空间太狭小，对人生也感到厌烦。而圣人自知自爱，不自我表现，不追求尊贵。

王夫之的意思是说：老子一向崇尚虚无，人们如果追求实有，就等于往虚无里填东西。这当然会使人活动的范围狭小，觉得人生可厌。这种时候，如果来求助威力，去追求自己的尊贵，那就可悲了。如果能安于虚无，不追求什么，就会觉得天地无限广阔，人生其乐无穷。

文中那住房子的、产生事物的，泛指一般人，特指国家的统治者。老子主张统治者不要追求实有，从而避免使用武力，还可以理解。但普遍地要求人们无所追求，就不可取了。王夫之最后一句是说，天下从来是有人住的，有人产生事物的，也就是说，有人在进行统治的，所以老子才不去管它。他认为老子的态度，是一种不负责任的态度。

七十三章

【原 文】

勇于敢则杀，勇于不敢则活。此两者，或利，或害。天之所恶，孰知其故？是以圣人犹难之。天之道，不争而善胜，不言而善应，不召而自来，繟然而善谋。天网恢恢，疏而不失。

执不敢以勇，敢矣；不敢其所不敢，勇矣。勇、敢之施，杀、活之报，天乘其权，而我受其变①，难矣。圣人畏其难，而承其活，不辞其杀，故活在己而杀任天下。何也？以己受活，则必有受杀者，气数之固然，而不足诘也。夫唯己活而非以功，天下杀而无能罪，斯以处功罪之外，而善救人物。我无杀、活而天下亦活。彼气数者，日敝敝以杀、活为劳，其于我也，吹剑首之映而已矣②。是以圣人破天网而行天道。

---

① "变"应为"报"。
② 这个比喻见《庄子·则阳》，形容事物渺小，微不足道。

【《老子衍》译文】

拿不敢作为勇,也是一种敢;不敢做的事就是不做,也是一种勇。勇和敢的实行,就是或死或活的报应。天掌握着这个权力,我承受着天的报应,太困难了。圣人害怕这个难,于是就接受那活的报应,也不抛弃死的报应,所以是活在自己而任凭天下去死。为什么呢?因为自己接受这个活,那就必定有人去接受那个死,这是气数的必然,没有什么好问的。只有那自己活着也不认为是有功,别人死了也不认为有罪的,才能处于功罪之外,善于拯救天下的人和物。我不去杀谁,也不去活谁,天下人也会活。那些只讲气数的人,一天到晚在杀与活之间疲于奔命,对我来说,不过像吹剑首小孔所发出的声音那么渺小罢了。所以圣人要破除天网而行天道。

【解】

老子说,勇于敢就死,勇于不敢就活。王夫之说,拿不敢作为勇,也是一种敢,也得死。和其他各篇一样,王夫之一开头就指出老子在逻辑上的矛盾。

老子说,天的好恶,没个定准,圣人也说不明白,对付不了。王夫之的意思,在于说明圣人知道天的报应是有死有活,圣人们努力争取的,就是自己的活,而听凭天下的人去死。

圣人自己的活,他不以为是谁的功。他听凭天下人去死,也不以为是谁的罪。他超然于功罪之外,并且认为这样做是善于拯救天下人。对于那些终日为自己命运奔波的人(讲究气数者),圣人是鄙视的。

老子说,天道,是不竞争而善于取胜的;天网,是极为广大,网眼虽稀,但无所遗漏的。王夫之讽刺说,老子超然于功罪之外,是实行天道的不竞争,抛弃天网的不疏漏。

七十四章

【原　文】

民常不畏死,奈何以死惧之?若使人常畏死,而为奇者,吾得执而杀之,孰敢?常有司杀者杀,张文潜①曰:万物泯泯,必归于灭尽而后止。[1]而代司杀者杀,是代大匠斲。夫代大匠斲者,希有不伤其手者矣。

木当其斲,岂有避其坚脆者哉?故盗跖、鲍焦相笑而无已时也。拣其所笑,以为或是或非,执秕糠以强人之所固不信,遂将乘人之死以验己之得,而要之为利,则于杀有喜心。于杀有喜心者,于天下未有损,而徒自剥其和也。圣人知理势之且然,故哀天而目击夫化。化日迁而不得不听,听化而哀之也抑

---

① 张文潜:即北宋张耒,苏门四学士之一。

深矣。岂求以近仁名耶？近仁名者，是有司生者而代之生也。代之生，代之杀，皆愚也。圣人终不为愚，故似不肖。

【《老子纂注》译文】

[1] 张文潜说：万物纷纭，一定要到灭尽无余才停止。

【《老子衍》译文】

　　木头要被砍伐的时候，谁还管它们是坚硬还是松脆？所以盗跖和鲍焦的相互嘲笑是不会完结的。拾取他们相互嘲笑的话头，以为或是或非，这是拿着糟粕强要人家相信那本来不相信的东西。进而就将用人家的失败和死亡来证明自己的正确，并以此取利。这就对于杀人有喜心。喜欢杀人，对天下没有什么损害，只是白白丧失了自身的和谐。圣人知道事物发展的道理和趋势，所以只是眼看着事物的生死变化而哀伤。变化天天进行而不得不听从，这种无可奈何的哀伤也就愈益加深。这哪里是寻求趋向仁的名誉呢？趋向仁的名誉的人，是已有人掌握生死，他却要代人家去生死。代替生死，代替杀人，都是愚蠢的人。圣人到底也不做愚人，所以什么都不像。

【解】

　　老子说，人民不怕死，你何必拿死来吓唬他们，如果他们怕死，对于那些出头闹事的，我就可以把他们杀掉。不过，老子又说，杀人，由专管杀人的去杀，正如砍木头由木匠去砍一样，如果你替木匠砍，很可能砍着自己的手。言外之意，你替人去杀人，难免自己不倒霉。

王夫之说：木头该砍的时候，还管它是硬是脆！言外之意，人要该杀的时候，还管他怕不怕死！顾及这个，鲍焦就会指责盗跖不分好歹，杀人太多；盗跖就会说鲍焦心慈手软。杀人不分好歹，必然自伤；心慈手软，自己反而先死。双方都会拿对方的失败和死亡来证明自己正确。这就是对于杀人、死亡有喜心。这样，双方虽然立场不同，其结果都是一样。这些人，不一定损害天下，自己倒先失去了体内的和谐。

盗跖名跖，传说他带领九千人，横行天下，封建统治者贬称他为"盗跖"。鲍焦，据说道德高尚，因不满现实，抱树饿死。在古代观念中，前者是喜欢杀人的典型，后者是好典型。在王夫之看来，老子的意思，是两种人都不要做。

那么，老子要做什么样的人呢？他知道事物发展必然如此，也就是杀人的事不可避免，他只悲哀地看着他们（《老子》三十一章说，应以悲哀的心情对待战争中的杀人）。而且也不是为了求得仁的好名声（王夫之认为老子主张行善要不至于出名）。这就是说，他不仅不代替别人杀人，也不代替别人生人，还是什么都不做。圣人什么都不像，是讽刺《老子》六十七章的话，我的道广大得很，它什么都不像。

七十五章

【原 文】

民之饥，以其上食税之多也，是以饥。民之难治，以其上之有为也，是以难治。民之轻死，以其生生之厚也，是以轻死。夫唯无以生为者，是贤于贵生。

夫食税者上，而饥者民；有为者上，而难治者民。彼此不相知而相因，诚有之矣。统吾之生而欲生之，无异养矣。孰知其不相知而相因也，肝胆之即为胡越①乎！故同其异，则胡越肝胆也；异其同，则肝胆胡越也。于彼有此，于此有彼，彼此相成，而生死不相戾，岂能皆厚，而莫知有轻哉？脉脉使其知，则筋骨血肉之皆虚，而冲虚无有之皆实。故曰"冲而用之，或不盈"。诚不盈矣。知得入之而不窒，奚其生之厚而死之轻也？

【《老子衍》译文】

那吃税的在上面，饥饿的是老百姓；有作为的在上

---

① 肝和胆是人体相邻的器官，比喻关系密切。胡指古代中国北方，越指古代中国南方。胡越比喻关系疏远。

面，难治的是老百姓。彼此不了解却互相依赖，这件事是确实的。把我的生命作为一个整体，并且要维持它的存在，那么，对每一部分的养育就不应有什么差别。谁知道他们互不了解却互相依靠呢？谁又知道肝胆就可以成为胡越呢？所以，把相异的东西等同起来，胡越就会成为肝胆；把相同的东西使它们相异，肝胆就会成为胡越。只有你中有我，我中有你，彼此相辅相成，生死也不互相冲突，哪能双方一样丰厚而不知有轻有重呢！如果使他们慢慢体会这些道理，那么筋骨血肉也都会是虚的，空虚没有也都会是实的。所以说"虚的作用不会完结"。确实是不会完结的。知道事物彼此互相渗透会不窒碍，何必去厚生和轻死呢？

【解】

老子说，人民饥饿，是因为上面收税太多，上面拼命保养他们的生命，老百姓就不怕死。在王夫之看来，老子把统治者和老百姓对立起来，是错误的。

王夫之认识到，事物互相对立，也互相渗透，统治者和人民群众互相依赖，对双方的奉养应有轻有重。就是说，统治者"厚生"，吃税是必要的。这里显出了王夫之的辩证法思想，也显出了王夫之的阶级立场。

《老子》一书，对"上"的抨击屡次出现。后来的道家人物也常常爆发出反抗现实、反对君主的怒火。农民起义，也多次利用道家的这类思想。王夫之在《读通鉴论·汉灵帝》中指出，老子流为张角，张角依托老子。王夫之反对老子，这也是重要原因。

七十六章

【原文】

人之生也柔弱，其死也坚强；草木之生也柔脆，其死也枯槁。故坚强者，死之徒；柔弱者，生之徒。是以兵强则不胜，木强则共。董思靖①曰：人共伐之。[1] 强大处下，柔弱处上。

强弱者，迹也。夫岂木之欲生而故为柔脆哉？天液不至而糟粕②存，于是而坚枯之形成矣。故坚强者，有之积也；柔弱者，无之化也。无之化，而尚足以生，况其未有化者乎？不得已而用其化以为柔弱，以其去无之未远也。夫无其强者，则柔者不凝，天下之所以厚树其质也，而孰知凝之即为死之徒乎！质虽因其已有而不可无，而用天地之冲③相升降，则岂唯处上

---

① 董思靖：宋朝人，著有《道德真经集解》。
② 糟粕：此处指树液流不到的枝干。
③ 冲：冲气，此处指体内之气。古人认为，只要体内的气还正常运动（升降出入），动植物的生命就不会停止。

者之柔弱也，即其处（上）[下]者而与枯槁远矣。

【《老子纂注》译文】

[1]董思靖说：大家都要砍伐它。

【《老子衍》译文】

强弱，是事物留下的痕迹。难道是树木贪图生长而故意成为柔弱的吗？树液流不到了，但是糟粕还存在，于是就成了坚强、枯槁。所以，坚强的东西，是"有"的积累；柔弱的东西，是"无"的演化。"无"的演化，尚有充沛的生命力，何况那还没有演化的"无"呢？不得已，就用"无"刚刚化成的、柔弱的东西，因为它离开"无"还不太远。不过，假如没有坚强，柔弱就无法凝聚起来，这就是天下事物都要努力充实自己的原因。可哪里知道凝固以后马上就成了死亡一类的东西了呢！体质已经有了，不可能使它消失，如果能使天地的冲气不断升降出入，难道只有处在上面的柔弱才生机盎然吗？就是处在下面的坚强离枯槁也远着呢！

【解】

老子说：动植物、人，活着的时候，是柔软、柔弱的；死了，就坚硬、枯槁了。所以，柔弱的就生存，是生的一类；坚强的就死亡，是死的一类。你看那树木，不是柔弱的枝条在上面，而坚强的树干在下面吗？

王夫之说：强弱，只是事物生长所留下的痕迹。不是它们想成为柔弱的或坚强的，而是它们要生长，就必须充实自己。却不料因此而成为坚强，就要死亡了。在王夫之看来，这是必然的过程，没有办法。老子推崇柔弱，没有什么意义，因为任何事物都无法停留在柔弱上。

王夫之继续说：老子之所以推崇柔弱，根本的原因是由于他推崇虚无。按他的无中生有说，柔弱仅是虚无刚刚演化出来的东西，离无还不远。用无有困难，不得已而求其次，才想起了柔弱。

王夫之认为：已经有了体质，不可能再使它消失。但只要使它体内的气正常运动，不仅柔弱，就是坚强，离枯死也远着呢。老子的担心，是多余的。

七十七章

【原　文】

天之道，其犹张弓乎？高者抑之，下者举之；有余者损之，不足者补之。天之道，损有余而补不足。人之道则不然，损不足而奉有余。孰能以有余奉天下？不损。[1]唯有道者。是以圣人为而不恃，成功而不居。其不

欲见贤耶！

唯弓有高、下，而后人得施其抑、举；唯人有有余、不足，而后天得施其损、补。夫自损者固未尝无损，而受天损者，其祸烈矣。圣人之能不祸于天者，无祸地也。夫岂但劳天下以自奉者为奉有余哉？人未尝不肖而欲贤之，人未尝乱而欲治之，美誉来归而腥闻赠物，非乐天下之败以自成乎？故一人安位，天下失据；一日行志，百夫伤心。杀机发于诰誓，而戎马生于勋名。然则庸人之自奉俭，而贤者之自奉奢，可不畏哉！

【《老子纂注》译文】

[1] 不损害天下。

【《老子衍》译文】

只有弓本来有高低，人们才能去压低它，或抬高它。只有人本来有有余和不足，然后才能去减少它，或补充它。自己损害自己，固然不能说不是损害，但如果遭到天的损害，那祸可就大了。圣人之所以能不被天损害，因为他没有可被损害的原因。不过，难道只有使天下劳苦来奉养自己才叫奉有余吗？人并不是不肖，你却要使他贤明；人未曾动乱，你却要去治理。你捞来了荣誉，却把臭名送给别人，这不是喜欢天下败坏而使自己取得成功吗？所以，巩固了一个人的地位，天下人就要流离失所；一个人踌躇满志，千万人都会伤心。厮杀之心，产生于山盟海誓；发动战争，是为了猎取功名。然而庸人的生活简单，贤人的生活富足，这不是很可怕的事吗！

【解】

老子说：天道像拉弓瞄准一样，高了，就压低些；低了，就升高些。人道却不是这样，它要减少不足的，来供给有余的。

王夫之说：要能实行减损和补充，首先是人们有了有余和不足的差别。就像张弓瞄准，只有瞄得不准，偏高偏低，然后人们才去压低或抬高。这就是说，如果瞄得很准，人们就不用抬高和降低。如果人世没有有余和不足，天也用不着去减损和补充。

老子说过，为道，要天天减少。老子说减少，用的是"损"字。损，也有损害的意思。所以王夫之讽刺说，自己损害自己倒没什么，假如遭到天的损害，可就糟了。天损害的，是有余的人，那么，谁是有余的人呢？

老子主张无为，主张使人民愚昧。这里又说圣人不居功，也不愿见到贤明的人。因此，那治理天下的有为行为，那让天下愚民变得贤明的行为，那一心居功、想捞取美名的行为，和那让天下人劳苦来供给自己享乐的行为一样，都叫作损不足而奉有余，因此，都要遭受天的损害了。在王夫之看来，这显然是荒谬的。

最后一句，是对老子的讽刺。因为贤明的人富足，王夫之认为是合理的，老子却忧心忡忡，恐怕遭到报应。

损有余而补不足的主张，王夫之是反对的。

《老子衍》成书后不久，王夫之写了《诗广传》。其中说道，君子以公平的心对待天下，就没有天下不均的忧虑。至于天道，更是如此。王夫之说，假如天道像拉开的弓，人效法它，就去抬高或压低。那么，你压低了这边，那边就高了；你抬高了那边，这边就低了。你早上压此抬彼，晚上就不得不压彼抬此。天下本来没有不均，倒是你的做法造成了不均。（见《诗广传·曹风》。）

因此，王夫之反对均田的主张。他认为，你夺了这个人的田给另一个人使，只会造成彼此的倾轧和怨恨，从而酿成大乱，这是"虐民"；因此，对于那些主张均田的人，应该杀掉。（见《读通鉴论·隋文帝》。）

那么，对于如此严重的土地兼并能听之任之吗？也不是。办法是有的，但不是夺此予彼的均田。王夫之认为，土地兼并的原因是赋役太重，小民百姓感到土地是个负担，从而甘愿把土地送给人家，自己当佃户，甚至你再夺回来给他，他都不要；因此，防止土地兼并的决定因素是国家的政策，最好的，也是唯一可行的政策，是轻徭薄赋。他认为，董仲舒的"限田"政策，当时还可以行一下，因为离三代不远，土地私有的根还不深，私有观念还淡薄，但到汉哀帝时代就不行了。汉哀帝时，师丹讲限田，只是帮助了王莽的胡来，是生事扰民。

这都是他们不懂治国之道。王夫之说：道，就是导，引导。治国之道就是上面加以引导，老百姓都跟着走。引导的办法，是"轻其役，薄其赋"，老百姓不感到土地是负担，豪强也无法实行兼并。（见《读通鉴论·汉哀帝》。）这里所需要的，只是君子的"均天下之心"，即对待天下公正无私的态度。这种态度的具体表现，就像东汉的功臣邓禹对待他的子女。邓禹儿子多，他使每个儿子都有谋生的职业，却不是夺了这个给那个。（见《读通鉴论·隋文帝》。）他说，汉文帝、景帝这么做，所以天下太平，国祚久长，隋朝实行均田，反而迅速灭亡；至于那些懒汉，给他们田他们也不种，使土地归了别人，那是自作自受，圣人也无可奈何。（见《读通鉴论·汉哀帝》。）

《诗广传·大雅》中，王夫之说过："平天下者，均天下而已。"这里说的平、均，其真正内容，只是君子以公正的心，采取轻徭薄赋的政策对待天下，就像天上的阳光雨露普施于天下一切人一样。

七十八章

【原文】

天下莫柔弱于水，而攻坚强者莫之能先，以其无以易之也。故柔之胜刚，弱之胜强，天下莫不知，莫能行。

是以圣人云：受国之垢，是谓社稷主；受国之不祥，是谓天下王。正言若反。

无攻之力，有攻之心，则心鼓其力；无攻之心，有攻之力，则力荡其心。心力交足以攻，则各乘其权，身以内各挟其戈矛以屡变，而欲以攻天下，能不瓦解者，未之有矣。虽然，莫心为甚。夫水者，岂欲以敌坚强而为攻者哉？受天下之垢也，终古而无易心，而力从之。何也？水之无力，均其无心；水之无心，均其无力也。故弱其志者无易志，虚其心者无易心。行乎其所不得已，而不知坚强之与否，则险夷无易虑。无（地）〔他〕，寓心于汗漫而内不自搆也。寓心于汗漫，无所畏矣。内不自搆，和之至矣。和于中，无畏于外，天下其孰能御之！

【《老子衍》译文】

没有进攻的力量，却有进攻的心，心就要鼓动力量去进攻；没有进攻的心，却有进攻的力量，力量就要引诱心去进攻。心和力量都足以进攻，各自凭借自己的长处行事，就像自身以内，心、力各自拿着刀枪，而步调不能一致，要想去进攻天下，能够不瓦解的，从来没有。尽管如此，最可怕的还是水。水这个东西，哪里是为着对抗坚强而实行攻击的呢？它接受天下的污垢，千秋万代不变心，力量也服从这个说法。为什么呢？水没有力量，也同样没有心；水没有心，也同样没有力。它的意志软弱，但却从来不变；它的头脑简单，但却始终如一。它的行动，是出于不得已，并不知道对方是不是坚强，不论有没有危险，它都不改变想法。没有别的原因，只是它心里对什么都无所谓，因而内里不自相矛盾。心里无所谓，就什么都不怕。内里不自相矛盾，是最高的和谐。内里和谐，外面也就无所畏惧，天下还有谁能抵挡！

【解】

老子说：天下的物体，水最柔弱。但它进攻坚强的东西，却总是取胜。这个道理，大家都懂，但都不实行。圣人实行了，所以做了天下的王。

王夫之说：水的柔弱，并不是为了要进攻坚强，而是本性如此。况且，人和水不一样。水柔弱，但也没有思想，它里外如一，始终如一，不知害怕，没有顾虑。人却有思想和力量两个方面。一方面强，必然影响另一方面。两方面都强，各行其是，也要发生矛盾。总之是不能像水那样心力一致的。这样去进攻别人，没有不失败的。也就是说，一般人，无法像水那样。只有圣人，向水学习，所以天下无敌，可做天下的王。

对于老子推崇水，王夫之一向非常反感，认为这是用阴险手段取胜。可参看本书第七、第八两章。

七十九章

【原 文】

和大怨，必有余怨，安可以为善？是以圣人执左契而不责于人。左契，受债者之所责司之。听人之来取而已。[1] 故有德司契，左契。[2] 无德司彻。彻，通也，均也，欲通物而均之。[3] 天道无亲，常与善人。李息斋曰：盖亦司契而已。[4]

既不欲攻之，则从而和之。欲有为于天下者，舍二术无从矣。夫物本均也，而我何所通？物苟不通也，而我又何以均？无心无力，怨自不长。有心者心定而释，有力者力穷而返。不待无所终而投我，而先就之以致均通之德，是益其怨而怨归之矣。圣人知其然。阴愆阳忒之变，坐而消之，天固自定；静躁寒热之反，坐而胜之，身固自安；儒墨是非之争，坐而照之，道固自一。无他，无所亲，斯无所疏，物求斯与，而己不授也。

【《老子纂注》译文】

[1] 左契，债权人经管的收债凭证。（这里是说，圣人不让人还债，）只是听凭大家来借。
[2] 契是左契。

[3]彻，就是通，是平均。司彻，就是想要事物互通有无从而达到平均。

[4]李息斋说：也不过就是经管左契罢了。

【《老子衍》译文】

如果不想进攻人家，那就和人家讲和。想在天下有点作为，除此以外，再无别的办法。假若物本来是均平的，我还有什么要疏通的？假若事物本来不相通，我又如何能让它们平均？没有心也没有力量，自然不会产生怨恨。有心的，心安定了就会撒手；有力的，力用尽了也就罢休。不等它们由于达不到目的而来投奔我，我就先找它们，去平均它们，疏通它们，用以显示我的德行，这是增加事物的怨恨，而使怨恨落到自己头上。圣人知道这个道理。阴阳失调，可坐看它们消失，天本来就会自然安定；静躁寒热的交替，可稳坐而战胜它们，身体本来就会自然平安；儒家、墨家的是是非非，坐视不问，任其自消自灭，道本来就是自身统一的。没有别的，无所亲近，也就无所疏远。事物有要求，这才给予，但是自己不主动给予。

【解】

老子说，要消除大的怨恨，必然产生新的怨恨，所以圣人应像放债的人一样，只等着人家来借，只有无德的人，才去疏通事物，做那消除怨恨的工作。

王夫之说，在天下要有所作为，只有两种办法，一是进攻，一是讲和。上一章讲进攻，这一章论讲和。

王夫之说：要去疏通事物、均平事物，一定是事物本来不均，并且又有相同之处。不过，那既无心又无力的人，本来就没有不平和怨恨，用不着我去疏通；有心的，有力的，在他们达不到目的的时候，也会来投奔我，也不用我去疏通。如果不能等待他们心力交困来投靠，而过早地疏通它们，只会增加他们的怨恨。

圣人深知这一点，不管是天上、人间，还是自身的不适，都一概坐视旁观，因为它们本来就是安定、平安和统一的。不安定的，早晚要安定；不统一的，早晚也会归为统一。何必干预它们呢！

这全是推衍老子的意思。

"事物有要求，这才给予，但是自己不主动给予"，是讽刺老子把道和得道者比作放债人。

八十章

【原 文】

小国寡民，使有什伯之器而不用，使民重死而不远徙。虽有舟车，无所乘之；虽有甲兵，无所陈之。使民复结绳而用之。甘其食，美其服，安其居，乐其俗。邻国相望，鸡犬之音相闻，民至老死，不相往来。

夫天下亦如是而已矣。以寡小观寡小，以强大观强大，以天下观天下，人同天，天同道，道同自然，又安往而不适者哉？推而准之四海之广：贤贵安其居，而贱不肖不来，则贤贵定；贱不肖安其居，而贤贵不往，则贱不肖和。反而求之一身之内：耳目安其居，而心思不往，则耳目全；心思安其居，而耳目不来，则心思正。抱一者，抱其一而不彻其不一，乃以玄同于一，而无将迎之患。

【《老子衍》译文】

那天下也不过是这个样子罢了。用寡小来观察寡小，用强大来观察强大，用天下来观察天下，人同于天，天同于道，道同于自然，到哪里能不得意？推广开来，可以做一切事情的标准：贤明和高贵的人们安居了，下贱和不肖的人们不来打扰他们，贤明高贵者就安宁；下贱和不肖的人们安居了，贤明和高贵的人们不去关心他们，下贱不肖者就和睦。回头看看自己的身体内部：耳朵、眼睛安居了，心思不到它们中间去，耳朵、眼睛就保全了；心安居了，耳朵、眼睛也不来打扰它，心思就正了。抱一的人，只抱住了一而不使一贯彻于其他事物之中，自己暗暗地和一成为一体，就没有去逢迎的祸患。

【解】

这一章，老子谈了他"小国寡民"的政治理想，主张"邻国相望，鸡犬之音相闻，民至老死，不相往来"，使百姓安居乐业。在第五十四章，老子还说过，从家的立场观察家，从国的立场观察国，等等。王夫之的《衍》文，主要就是讽刺老子使国与国、国家内部不同阶层之间互相隔绝、不相往来的主张。老子政治主张的理论根源，是他的"抱一"思想。抱一也就是抱道，而道和事物是隔绝的、互不往来的。

八十一章

【原 文】

信言不美，美言不信；善言不辩，辩言不善；知者不博，博者不知。圣人不积：既以为人，己愈有；既以与人，己愈多。天之道，利而不害；人则有利必有害。[1] 圣人之道，为而不争。

以所有为人，则人有而己损；以多与人，则人多而己贫。孰能知无所为者之为人耶？无所与者之与人耶？道散于天下，天下广矣，故不积。道积于己，于是而有"美"，有"辩"，有"博"。既"美"且"辩"，益之以"博"，未有不争者也。乃其于道之涯际，如勺水之于大海，挥之，饮之，而已穷。俯首而为，恶知昂首而争？不问其利，利自成，恶与害逢？能不以有涯测无涯者，亦无涯矣。"休之以天钧"，奚为，奚与，又奚穷哉？

【《老子纂注》译文】

[1] 人道不是这样，有利就有害。

【《老子衍》译文】

把自己的东西给别人，别人有了我就少了；把多给了别人，别人多了我就穷了。可哪里知道那无所作为的人是为着别人呢？又哪里知道那不把东西给人的人却正是把东西给人的人呢？道遍布于天下，天下非常广大，所以不会堆积起来。道沉积在自己身上，于是就有了美好，有了巧辩，有了渊博。既然有了美好和巧辩，又加之以渊博，就不可能不发生竞争。这样的人，就是对于道的边际（不要说道本身），也像一勺水和大海相比一样，抛洒它，喝它，几下就光了。低着头干事，哪里知道抬起头就发生争执？不过问利益，利益自然会有，哪里还能遇到祸害？能够不用有限的生命和精力去追随那无限事物的人，也是无限的呢。"让那事物不停地流转变化"吧，何必去作为，何必去给予，又哪里会陷入困境呢？

【解】

老子说，真话不美好，善人不巧辩，真懂的不渊博；圣人无所保留，他不断地给予别人，自己反而越多。还说圣人是为别人。

王夫之说，一般说来，给了别人，自己就少了，可哪里知道不给人的人却正是给人的人，而老子推崇的"无为"的圣人却正是为别人的人呢！

老子说，圣人无所保留。那就是说，美好、巧辩、渊博的人就都是有所保留（积厚）的了。所以王夫之说，这些人是连道的边也沾不上了。

老子还说，天道是只去有利于万物，而不损害万物的。老子主张效法天道。所以王夫之说，口里不谈利益，利益就来了，哪里会有祸害！

老子说，真正的渊博是无知。王夫之讽刺说，是的，能不用自己这有限的精力去认识那无穷事物的人，也是一个无限呢。

最后一句,仍是说老子的无为只是听任万物自然生长、变化、流转,那当然不必作为,不必给予,也不会陷入困境。

上一章和这一章,可以说是对老子思想的简单小结。

附录一 参考书目索引

一、现代人著作：

任继愈《老子新译》(修订本)，上海古籍出版社，1982年。

王孝鱼《老子衍疏证》(手稿复印本，"纪念王夫之逝世二百九十周年学术讨论会"发，1982年)。

二、王夫之著作：

《周易外传》：序，自序，1，3，26，40，42，52[①]。

《春秋家说》：序。

《诗广传》：26，40，77。

《尚书引义》：34，42，51。

《读四书大全说》：40。

[①] 序，指《老子衍全译序》。自序，指王夫之《老子衍自序》。数字指《老子衍全译》某章。加〈 〉号者指所附王敔《老子纂注》某章。

《周易内传》：序，25，26。

《宋论》：序。

《老庄申韩论》：序。

《庄子解》：1。

《读通鉴论》：序，26，34，75，77。

《张子正蒙注》：序。

《说文广义》：序。

《题芦雁绝句》：序。

《姜斋影》：序。

《楚辞通释》：〈10〉。

《唐钦文六秩寿言》：〈10〉。

三、《老子》注疏及注疏者：

韩非《解老》《喻老》：〈26〉，〈59〉。

严遵《老子指归》：38，〈56〉。

王弼《老子注》：〈21〉，〈32〉。

钟会《老子注》：〈25〉。

李约《道德真经新注》：〈14〉。

唐玄宗《道德真经疏》：〈16〉。

陆希声《道德真经传》：〈51〉。

王安石《老子注》：〈18〉。

吕惠卿《道德真经传》：〈6〉，〈15〉，〈19〉〈26〉，〈27〉，〈28〉，〈35〉，〈41〉，〈54〉，〈63〉，〈65〉。

苏辙《老子解》：〈20〉，〈50〉，〈64〉。

邵若愚《道德真经直解》：〈15〉。

李息斋《道德真经义解》：〈18〉，〈36〉，〈39〉，〈72〉，〈79〉。

王雱《老子注》：〈36〉。

赵志坚《道德真经疏义》：〈40〉。

薛蕙《老子集解》：〈44〉。

叶梦得《老子解》：〈45〉。

章安《宋徽宗道德真经解义》：〈46〉。

董思靖《道德真经集解》：〈76〉。

吴澄《道德真经注》：〈11〉。

刘仲平《老子注》：〈64〉。

四、其他著作：

《周易》：序、自序，11，25。

《孟子》：26，66。

《庄子》：1，29，31，32，33，44，50，66，73。

《史记》：6，26。

《周易参同契》：补记。

《阴符经》：60。

《太极图说》：42。

《正蒙》：33，66。

《悟真篇》：补记。

附录二　重校说明

　　王夫之的《老子衍》，现存有三个版本。一载曾刻《船山遗书》，一载太平洋书局的《船山遗书》，第三个是中华书局出版由王孝鱼整理的本子。太平洋书局本系根据曾刻本，所以王孝鱼整理时据曾刻本是正确的。既无其他本子可以参校，只能据文意进行订正。王在整理时改正了三处，重校又改正了九处，其中包括王校改过重校又改回的一处。以上皆随文注明，不赘。

李　申

一九八八年十二月

附录三　王孝鱼点校后记

王夫之（一六一九至一六九二）批判老庄的言论很多。《老子衍》和《庄子通》是这方面的两部专书。《老子衍》写成于一六五五年，即始著《周易外传》之时。一六七二年王夫之重订《老子衍》。翌年为唐端笏携去，毁于火。现在的本子是其子敔所藏《老子衍》旧本。《庄子通》写于一六七九年。这时，王夫之六十周岁，他的哲学思想更成熟了。王夫之另外还著有《庄子解》，不知何年所作。考王夫之一六八〇年曾为及门诸子说《庄子》，《庄子解》或作于此时。《庄子解》可以和《庄子通》参照阅读。

这两部书是根据曾刻本《船山遗书》整理的。加了标点，《庄子通》各篇并分了段。曾刻本中的避讳字已改正。《老子衍自序》后王敔的跋语是据衡阳学署本补的。《老子衍自序》

第十四页八行、正文五十四页十一行、五十五页十二行和《庄子通》九十四页三行的校改处是点校者作的。点校工作中的错误可能不少，希望读者指正。

王孝鱼

一九六二年七月